马克思主义理论教育方法创新研究

Research on the Innovation of
Marxist Theoretical Education Methods

刘丽萍　蒋晓东 / 著

社会科学文献出版社
SOCIAL SCIENCES ACADEMIC PRESS (CHINA)

目 录

绪 论 马克思主义理论教育研究的三个基本维度 ⋯⋯⋯⋯⋯⋯⋯ 001
  一 理论之维:以学科建设为依托的理论体系构建 ⋯⋯⋯⋯⋯⋯ 001
  二 实践之维:以高校理论教育为关注重点的实践研究 ⋯⋯⋯⋯ 009
  三 历史之维:以理论总结为主旨的思想发展历程 ⋯⋯⋯⋯⋯⋯ 016

第一章 马克思主义理论教育方法的历史发展 ⋯⋯⋯⋯⋯⋯⋯⋯⋯ 021
  一 马克思恩格斯与马克思主义理论教育方法的奠基 ⋯⋯⋯⋯⋯ 021
  二 列宁与马克思主义理论教育方法的发展 ⋯⋯⋯⋯⋯⋯⋯⋯⋯ 030
  三 中国共产党与马克思主义理论教育方法的推进 ⋯⋯⋯⋯⋯⋯ 034

第二章 新时代马克思主义理论教育方法创新的使命任务 ⋯⋯⋯⋯ 041
  一 新使命:实现中华民族伟大复兴 ⋯⋯⋯⋯⋯⋯⋯⋯⋯⋯⋯⋯ 041
  二 新要求:推进中国共产党自我革命 ⋯⋯⋯⋯⋯⋯⋯⋯⋯⋯⋯ 049
  三 新任务:筑牢互联网时代意识形态阵地 ⋯⋯⋯⋯⋯⋯⋯⋯⋯ 053

第三章 新时代马克思主义理论教育方法创新的理论基础 ⋯⋯⋯⋯ 058
  一 辩证唯物主义与历史唯物主义 ⋯⋯⋯⋯⋯⋯⋯⋯⋯⋯⋯⋯⋯ 058
  二 中国传统教育理念与方法 ⋯⋯⋯⋯⋯⋯⋯⋯⋯⋯⋯⋯⋯⋯⋯ 061
  三 现代科学方法 ⋯⋯⋯⋯⋯⋯⋯⋯⋯⋯⋯⋯⋯⋯⋯⋯⋯⋯⋯⋯ 066

第四章　新时代马克思主义理论教育的方法原则 …………………… 073
 一　因事而化：注重理论联系实际 …………………………………… 073
 二　因时而进：理论武装及时跟进 …………………………………… 079
 三　因势而新：顺应互联网发展大势 ………………………………… 092

第五章　新时代马克思主义理论教育的基本方法 …………………… 096
 一　守正创新：坚持灌输与启发相结合 ……………………………… 096
 二　同频共振：坚持隐性教育与显性教育相结合 …………………… 101
 三　情理交融：坚持理论讲授与情感体验相结合 …………………… 107
 四　多措并举：坚持主题教育与以文化人相结合 …………………… 112
 五　统筹推进：坚持"关键少数"与广泛参与相结合 ……………… 122
 六　内外兼修：坚持教育与自我教育相结合 ………………………… 130

第六章　新时代马克思主义理论教育方法的实践样态 ……………… 136
 一　党员主题教育 ……………………………………………………… 136
 二　高校思想理论教育 ………………………………………………… 150
 三　全社会理论宣传教育 ……………………………………………… 164
 四　对外宣传与国际传播 ……………………………………………… 175

参考文献 ………………………………………………………………… 183

后　记 …………………………………………………………………… 205

绪 论
马克思主义理论教育研究的三个基本维度

2004年1月,中共中央发布《关于进一步繁荣发展哲学社会科学的意见》,提出实施马克思主义理论研究和建设工程。随着工程的推进,2005年国务院学位委员会、教育部提出,增设马克思主义理论一级学科。这次学科调整不仅使我国的学科体系进一步完善,对于巩固马克思主义的指导地位也具有重大意义。马克思主义理论一级学科的设立既源于思想政治教育工作实践的需要,也源于党中央在哲学社会科学发展规划上的重大决策。学科建设的推进让学术界对马克思主义理论教育的研究不断升温。十多年来,学术界主要从三个基本维度对马克思主义理论教育进行了深入研究。

一 理论之维:以学科建设为依托的理论体系构建

在马克思主义理论学科建设中,学术界对马克思主义理论教育的研究逐步深入,形成了相对独立的理论体系。为了科学地建构马克思主义理论教育体系,学者们立足马克思主义理论一级学科建设的整体视野,在遵循整体性、系统性原则的基础上,深入探讨了以下问题。

(一)马克思主义理论整体性的学科意识

马克思主义理论的整体性决定了学科建设的整体性。整体性是马克思主义理论的基本特点。列宁指出，马克思主义理论体系是"由一整块钢铸成的"[①]。把马克思主义三个主要组成部分结合成为一个有机整体进行教学和研究，是马克思主义整体性的最重要的含义。[②] 马克思主义理论为马克思主义理论教育提供教育的文本内容，准确把握教育内容的整体性是科学实施马克思主义理论教育的重要前提和基础。关于如何正确把握马克思主义理论的整体性，学者们各抒己见，主要观点如下。

第一，基于马克思主义理论的本质规定性把握马克思主义理论的整体性。马克思主义理论体系庞大、内涵丰富，只有先从其本质规定性入手才能更好地从整体上把握马克思主义。马克思主义理论体现理论逻辑、历史逻辑、实践逻辑的三者统一。我们要在理论逻辑、历史逻辑、实践逻辑三者相统一中研究和把握马克思主义的整体性。"三个逻辑相统一"可以从复杂交错的理论、历史、现实中抓住问题的本质，展现马克思主义研究的"理论之美"。[③] 确认马克思主义理论的整体性是对马克思主义彻底而严谨的科学理论体系的界定。基于马克思主义的本质及属性等根本问题，学者们对马克思主义做出四个方面的科学概括，即辩证唯物主义和历史唯物主义的理论基石、科学社会主义和共产主义的社会理想、代表无产阶级和广大人民群众根本利益的政治立场、与时俱进的理论品质。[④]

第二，要从马克思主义理论的基本问题或关键范畴来把握马克思主义理论的整体性。马克思主义是由一系列基本原理、基本观点和基本方法构成的科学体系，它是一个完整的体系。对马克思主义理论的科学把握应该立足于马克思主义立场、观点和方法的辩证统一。在马克思主义理论体系中，马克思主义立场是基石，马克思主义观点是核心，马克思主义方法是

[①] 《列宁选集》第2卷，北京：人民出版社，1995，第221页。
[②] 赵家祥：《剩余价值理论是政治经济学的核心问题——兼论马克思主义的整体性》，《中国延安干部学院学报》2021年第2期。
[③] 张雷声：《关于理论逻辑、历史逻辑、实践逻辑相统一的思考——兼论马克思主义整体性研究》，《马克思主义研究》2019年第9期。
[④] 逄锦聚、李毅：《对什么是马克思主义的科学阐释》，《思想理论教育导刊》2008年第1期。

灵魂，三者有着深刻的内在关联和一致性。① 这三大部分构成马克思主义的理论整体，统摄其他各个组成部分。有学者认为，人与世界的基本关系就是马克思主义理论整体的基本问题。② 也有学者研究指出，"社会关系"是贯通整合马克思各理论的中轴性概念，立足"社会关系"概念把握马克思三大理论的生发过程及其内在关联，对于推动马克思主义整体性研究具有重要意义。③

第三，要破除传统"三分法"的机械理解，重新认识马克思主义理论的整体性。在马克思主义经典作家中，无论是马克思、恩格斯还是列宁，都一直强调马克思主义理论的三个组成部分是一块整钢，是一个有机整体。以教科书为代表的对马克思主义的传统"三分法"，最初的目的是方便大众学习和研究，三个组成部分是研究问题的三个视域。从马克思主义理论一级学科建立之前的研究成果来看，从三个方面分门别类地开展马克思主义理论研究，往往不能完全真实地看到马克思主义的历史地位和深远影响，也在一定程度上削弱了人们对马克思主义生命力的理解和判断。因此，只有破除传统"三分法"的机械理解，从马克思主义理论有机整体的角度出发，才能更好地、完整地解读马克思主义。

第四，要立足于马克思主义的形成和发展过程来把握马克思主义理论的整体性。马克思主义是作为整体产生的，也是作为整体发展的，整体性研究是马克思主义理论的一种内在要求。④ 从对马克思恩格斯一些重要文本的研究发现，马克思恩格斯思想的发展既体现阶段性，又显示其从形成就具有的整体性。例如，马克思主义的三个组成部分，即马克思主义哲学、马克思主义政治经济学、科学社会主义在马克思主义经典文献《资本论》中均有体

---

① 余斌、程恩富：《论马克思主义立场、观点和方法的辩证统一》，《马克思主义研究》2013年第12期。
② 夏建国：《论马克思主义理论整体的基本问题》，《湖湘论坛》2020年第6期。
③ 刘兴盛：《"社会关系"：把握马克思理论整体性的关键范畴》，《社会主义研究》2021年第1期。
④ 陈晏清：《推进马克思主义理论的整体性研究》，《马克思主义理论教学与研究》2021年第1期。

现。整体性发展是马克思主义理论发展的客观规律性。纵观马克思主义整体性研究，更让我们认识到，要在马克思主义发展史的基础上把握"马克思主义整体性"①。

（二）马克思主义理论教育的学科定位

马克思主义理论教育必须在遵循整体性原则的前提下，准确判断其所处的学科方位，进行科学、合理的学科定位。关于马克思主义理论教育的学科定位，学术界关注的主要问题如下。

第一，整体性视域下各二级学科之间的逻辑关系。自《〈中共中央宣传部 教育部关于进一步加强和改进高等学校思想政治理论课的意见〉实施方案》出台以来，随着马克思主义理论学科建设的推进，马克思主义理论的二级学科也在不断地调整。学术界关于各二级学科之间逻辑关系的讨论，主要围绕此前六个二级学科的逻辑关系进行了论证，并形成了几种不同看法。一种看法是"一总五分"论，即马克思主义基本原理是龙头学科，其他五个二级学科分别提供"史论结合""国外学科借鉴""实践应用"的学科基础。② 第二种看法是"理论基础与实际应用的逻辑构成论"，即除思想政治教育学科以外，其他各二级学科一起构成马克思主义理论一级学科理论研究的整体，思想政治教育学科是这个理论研究整体的去向和实际应用。③ 第三种看法是"轮式结构论"，即马克思主义理论是一级学科的核心，六个二级学科依据理论、现实、横向、纵向等维度对马克思主义理论展开环形运动的解读、研究和运用。④

第二，马克思主义理论教育与思想政治教育的学科边界。虽然马克思主

---

① 刘召峰：《马克思主义整体性研究：既有成果、存在的问题与未来进路》，《社会主义研究》2019年第2期。
② 张耀灿：《加强马克思主义理论学科建设的思考》，《思想理论教育》2015年第7期。
③ 张雷声：《马克思主义理论一级学科的内在逻辑体系及其建设》，《思想理论教育导刊》2007年第3期。
④ 冯文华：《关于马克思主义理论五个二级学科之间关系的一点思考》，《上海社会科学院第三届马克思主义理论创新论坛论文集》，2006。

义理论教育是马克思主义理论一级学科下各二级学科的共同研究任务，但是，马克思主义理论教育与思想政治教育的学科关联是学科定位中讨论最多的一对关系。各个二级学科虽然都有较为明确细化的专业分工，但在研究目标上具有一致性，都要研究马克思主义理论及其运用。由于马克思主义理论的六个二级学科的交错关系是客观存在的，对六个二级学科的学科边界进行明确界定，在理论上和实践中都有一定难度。① 有学者指出，马克思主义理论教育研究属于马克思主义基本原理和思想政治教育两个学科研究的重叠部分，马克思主义理论教育研究在思想政治教育学科中属于基本研究，在马克思主义基本原理学科中属于延伸研究。两个学科对马克思主义理论教育的研究各有优势、相互补充，但不是彼此替代的关系。② 在现有研究中，学者们着重强调各二级学科的有机联动，他们认为马克思主义理论教育研究不仅是各二级学科需要共同承担的任务，更是各二级学科需要承担的研究责任。马克思主义理论学科发展历程可以体现这一认识。例如，1997年设立的"马克思主义理论与思想政治教育"二级学科就是在"马克思主义理论教育"与"思想政治教育"整合的基础上生成的。随着研究的进一步深入，学界可以确定的是，马克思主义理论教育是思想政治教育的核心和基础，思想政治教育在内容和结构上反映马克思主义理论教育的内容和要求。就区别来说，马克思主义理论教育与一般思想政治教育相比有它的特殊性，马克思主义理论教育的内容在理论性、系统性方面都比思想政治教育更强。因此，马克思主义理论教育在教育目的、教育方法以及教育主体的知识结构和素质要求等方面都会体现与一般思想政治教育不同的特点。③

第三，思想政治理论课课程建设与马克思主义理论学科建设的关系。习近平总书记指出："我们办中国特色社会主义教育，就是要理直气壮开好

---

① 张雷声：《马克思主义理论学科的分化与整合》，《思想理论教育导刊》2010年第11期。
② 刘建军：《试论马克思主义理论教育研究的学科归属》，《教学与研究》2008年第8期。
③ 石云霞：《马克思主义理论教育思想发展史研究》（上），北京：中国社会科学出版社，2012，第16页。

思政课,用新时代中国特色社会主义思想铸魂育人。"[①] 思想政治理论课是马克思主义理论教育的主阵地,是马克思主义理论学科的重要组成部分。马克思主义理论学科建设与思想政治理论课课程建设之间存在复杂的双向互动关系。其一,马克思主义理论一级学科下的各二级学科与思想政治理论课的具体课程之间并不是一一对应的关系,一门具体课程可以有一个也可以有几个二级学科作为学科支撑。在学科建设中,各二级学科如何把"与之有紧密关系"的思想政治理论课课程建设列为自己二级学科下的重要建设任务,需要在学科建设的实践中不断探索。其二,一方面,思想政治理论课课程建设需要对马克思主义理论进行学科建设,思想政治理论课课程建设能激励和促成马克思主义理论加强学科建设;另一方面,思想政治理论课课程建设的师资队伍、建设成果也能为学科建设提供人员支持和研究素材。从这个意义上出发,我们要把思想政治理论课课程建设提高到学科建设的高度。因此,课程建设和学科建设如何在相互促进中实现共同发展仍然是理论研究需要继续关注的问题。

(三)马克思主义理论教育学的基本理论体系

马克思主义理论教育学的研究对象是马克思主义理论教育这一特殊的实践认识活动。马克思主义理论教育学的构建需要对马克思主义理论教育的价值、构成要素、教育过程等进行研究,形成和完善由诸多概念和命题构成的理论体系,以揭示马克思主义理论教育的本质和一般规律。2004年,教育部高等学校社会科学发展研究中心的田心铭教授两次撰文,建议建立马克思主义理论教育学。2005年,国防大学组织编写了《马克思主义理论教育概论》。此后,在马克思主义理论一级学科建设的推动下,马克思主义理论教育学的基本理论体系也在逐步构建。

1. 科学回答了什么是马克思主义理论教育

学者们对马克思主义理论教育的内涵进行了界定,深入回答了什么是马

[①] 《习近平谈治国理政》第3卷,北京:外文出版社,2020,第329页。

克思主义理论教育的根本问题，同时也对马克思主义理论教育与一般教育、思想政治教育的关系进行了清晰的界定，形成了大致相同的观点，即马克思主义理论教育是以马克思主义者为教育主体，以马克思主义理论为教育内容，面向无产阶级和广大人民群众的理论教育活动，是思想政治教育的核心和基础。① 从学科间的相互关系来看，马克思主义理论教育学与思想政治教育学是部分和整体的关系，马克思主义理论教育学与教育学是特殊性和普遍性的关系。阶级性、科学性、实践性和批判性的辩证统一是马克思主义理论教育的本质特征。② 马克思主义理论教育是一门科学，需要认真总结，深入研究，以更好发挥科学理论指导教育实践的功能。

2. 全方位论证了为什么要开展马克思主义理论教育

马克思主义理论教育的价值功能体现在国家、社会和个人三个层面。从国家层面看，马克思主义是中国共产党的指导思想，在人民群众中开展马克思主义理论教育是社会主义国家的本质特征之一。从社会层面看，共产主义是马克思主义最崇高的社会理想，社会主义和共产主义的进步性体现在它们是在社会矛盾运动中产生的、超越资本主义的更高的社会形态，代表着人类社会的发展方向；用马克思主义理论教育、武装人民群众有利于推动社会进步和和谐。从个人层面看，马克思主义理论是关于全人类解放的理论，促进人的全面发展和提升人类主体的实践能力是马克思主义理论教育的重要任务。正如马克思所言："哲学把无产阶级当做自己的物质武器，同样，无产阶级也把哲学当做自己的精神武器；思想的闪电一旦彻底击中这块素朴的人民园地，德国人就会解放成为人。"③

3. 系统论证了怎样进行马克思主义理论教育

学者们围绕马克思主义理论教育的主体与客体、教育内容、教育原则等问题进行了较为深入的探讨，系统回答了开展马克思主义理论教育的途径和

---

① 石云霞：《马克思主义理论教育思想发展史研究》（上），北京：中国社会科学出版社，2012，第7页。
② 黄书进：《深刻理解马克思主义理论教育的本质及要求》，《思想理论教育》2011年第5期。
③ 《马克思恩格斯文集》第1卷，北京：人民出版社，2009，第17~18页。

方法问题。一是关于马克思主义理论教育的主客体及其相互关系，学术界展开了激烈的争论，比较有代表性的观点有"无主体论""双主体论""主体间性论""一体两面论"等。对于这些观点，有学者指出，在马克思主义理论教育过程中，主体与客体之间的关系是动态的、辩证的，两者互为前提、相互转化。学界争论有力地推动了对理论教育主客体关系认识的不断深化，从而有助于更好地发挥主客体在马克思主义理论教育中的积极作用。二是关于马克思主义理论教育内容的优化。马克思主义理论教育的特殊性不仅体现在它的教育内容以马克思主义为核心，还体现在它要依据一定的时代和国情进行结构调整和优化。中国共产党领导开展的理论教育必须坚持以马克思主义为核心，在不同的历史时期对教育内容与结构进行调整和优化，以马克思主义中国化的最新理论成果作为教育内容的主要方面。因此，在马克思主义中国化进程中，理论创新与理论武装的及时跟进是中国共产党开展马克思主义理论教育研究不可或缺的重要课题。三是关于马克思主义理论教育的原则遵循。依据理论教育的本质特征，学术界对马克思主义理论教育提出了一系列基本原则，包括理论联系实际原则、意识形态性与科学性相统一的原则、真理性与价值性相统一的原则、世界观教育与方法论教育相统一的原则、教育内容的系统开放性与教育形式的具体多样性相统一原则等。其中，理论联系实际是马克思主义理论教育的根本原则。四是关于马克思主义理论教育实践的现实进路。机制是理论教育系统中各要素之间相互联系、相互作用的过程和方式。从理论教育的整体运行来看，马克思主义理论教育运行机制是包括领导机制、动力机制、实施机制和保障机制的理论教育机制。也有学者认为，马克思主义理论教育的开展要以"知、情、意、行"四个环节为重要推手，实现由浅入深的教育目标。马克思主义理论教育者要通过拓展科学真理的知识广度，增强教育对象对马克思主义理论的情感厚度，提升其追求美好生活的意志韧度，激发其投身中国特色社会主义伟大实践的行为力度。

总体来看，学术界认为，马克思主义理论教育与思想政治教育有很大的相关性，很多原则方法可以通用，以至于忽略了马克思主义理论教育自身规律的特殊性，模糊了马克思主义理论教育的学科边界。但是，马克思主义理论一级学科建设为马克思主义理论教育基本理论体系的发展提供了良好的契机。在此基础上，我们得以进一步研究和揭示马克思主义理论教育的基本规律。

二 实践之维：以高校理论教育为关注重点的实践研究

马克思指出："批判的武器当然不能代替武器的批判，物质力量只能用物质力量来摧毁；但是理论一经掌握群众，也会变成物质力量。"① 理论如何掌握群众，尤其是如何用科学的理论武装青年大学生、培育担当民族复兴大任的时代新人，是马克思主义理论教育研究与实践关注的重点问题。

（一）马克思主义理论教育理念的时代议题

教育理念对整个教育执行状况具有决定性的影响，科学的教育理念要与时代精神相通，与时代共同进步。在新时代，学者们提出的有代表性的高校马克思主义理论教育理念如下。

1. "灌输论"的时代阐释

"灌输论"包括对两个主要问题的回答，即"为什么要灌输"和"如何灌输"。由于对理论教育意识形态属性的肯定，学术界基本认同列宁的"灌输论"目前仍然是马克思主义政党开展思想宣传和理论教育的理论基础和一般原则。但如何遵循教育规律进行"灌输"是学者们需重点思考的问题。目前的看法主要有：要在灌输主体和灌输对象的互动中进行灌输，以充分发挥灌输对象的主体地位；要不断丰富和发展马克思主义，让灌输内容更好地展现科学理论的魅力和对现实问题的解答能力；要实现灌输方法的多样性，尤其要实现从显性灌输向隐性灌输的转变，将理论灌输融入教育管理、教育环境和人文教育，让灌输内容悄无声息地融入灌输对象的认知体系和行为方式。有学者提出，科学的"灌输"有三要素，即遵照唯物辩证法的要求实

---

① 《马克思恩格斯文集》第 1 卷，北京：人民出版社，2009，第 11 页。

现受众参与，采用以渗透性、生活性为特征的柔性方法，从社会心理感受的角度来保持合理阈值。① 总体来说，理论界对"灌输论"的讨论已不再是是否应该的问题，而是如何将"刚性灌输"变为"柔性灌输"以提升教育实效的问题。

2. "以人为本"教育理念的兴盛

坚持"以人为本"、实现人的全面发展既是马克思主义理论教育的出发点，也是马克思主义理论教育的归属。"以人为本"教育理念是对人在历史发展和社会实践中的主体地位和价值的肯定，是对马克思主义理论的弘扬。西方思想史中的"人文主义"和中国古代的"人本主义"思想都是"以人为本"教育理念的思想来源，但并不是人本主义的代名词，"以人为本"的核心来源是马克思主义关于"人"的学说，是"以人民为中心"发展理念的集中体现。围绕"以人为本"教育理念的实行，学者们指出，马克思主义理论教育实践要让教育对象主体化，在对主客体关系的把握中，要把教育对象看作有主体性的、能动的而非被动的人，把教育对象看作与教育者一样的平等主体；教育实践过程要个性化，必须把教育对象看作具体的人，是不同个性的成长中的人，而非抽象的人。因为马克思主义强调人的本质是具体的、实践的、是具有社会历史性的；教育实践要注重人的全面发展，知识教育、能力教育、价值观教育是马克思主义理论教育的总任务。甚至，马克思主义理论教育的亲和力也可以在"以人为本"理念的指导下不断提升。马克思主义理论教育亲和力的实现要以现实的人的现实境遇为关注点、以对人的深层次思想问题的解决为着力点、以日常化具体化形象化生活化为实现方式。② 概而言之，马克思主义理论教育就是要以人为出发点，以人为动力、以人为目的。

3. "回归生活世界"的倡议

"回到生活世界"是以哈贝马斯等为代表的西方哲学家提出的口号，这

---

① 孙来斌、张留财：《"科学灌输"三要素：受众参与、柔性方法、合理阈限》，《学校党建与思想教育》2019年第3期。

② 史巍：《马克思主义理论教育亲和力的价值分析和实现路径》，《思想理论教育导刊》2020年第8期。

是西方哲学家面对 20 世纪以来资本主义社会日常生活的全方位异化（如科学危机、消费异化、技术异化、生态危机等）提出的全面批判理论。在马克思主义理论教育视域下，学者们对"回归生活世界"的倡导，不同于西方人本主义哲学的"生活世界"，而是来源于马克思主义理论中蕴含的"生活世界"理论。马克思对"生活世界"的关注主要体现在三个方面。一是马克思强调生活世界的本质在于人的交往关系的全面性和才能发展的多样性。有学者提出，思想政治教育在最初意义上与生活世界是一体的，融入现实生活的生产实践活动，并以一种隐性的方式对人产生影响。[①] 二是马克思的社会历史理论从来没有绕开人的生活世界，而是把它视为"历史唯物主义的基本理论前提，是马克思解释人类历史的根本出发点"[②]。马克思指出："我们的出发点是从事实际活动的人，而且从他们的现实生活过程中还可以描绘出这一生活过程在意识形态上的反射和反响的发展。"[③] 三是"生活世界"是由人的实践活动所塑造的有意义、有价值的世界。"全部社会生活在本质上是实践的。凡是把理论引向神秘主义的神秘东西，都能在人的实践中以及对这种实践的理解中得到合理的解决。"[④] 基于马克思生活世界理论指导下的理论教育离不开对现实社会的批判，离不开对从事实践活动的人的研究，现实生活是个体思想意识形成和发展的土壤，离开生活的意识形态教育是无根的浮萍，缺乏根基。因此，与思想政治教育相同，马克思主义理论教育也要回归生活世界。马克思主义理论教育要回归的生活世界是马克思的实践生活世界，人的自由全面发展只有在实践中才能实现。至于回归的路径，则要在教育手段上创造一切条件让受教育者在实践中将马克思主义理论外化于行。

[①] 宗爱东：《思想政治教育回归生活世界：目标与路径》，《上海交通大学学报》（哲学社会科学版）2022 年第 2 期。
[②] 孙承叔：《关于生活世界的哲学思考》，《云南大学学报》（社会科学版）2007 年第 5 期。
[③] 《马克思恩格斯文集》第 1 卷，北京：人民出版社，2009，第 525 页。
[④] 《马克思恩格斯文集》第 1 卷，北京：人民出版社，2009，第 501 页。

（二）马克思主义理论教育方式方法的创新发展

思想政治理论课是高校开展马克思主义理论教育的主阵地。近年来，高校思想政治工作者积极推动马克思主义理论教育方式方法的创新，尤其在互联网条件下，还创新了 MOOC 课程、线上教学平台等具体的教学手段。教学方式方法的创新在很大程度上提升了高校马克思主义理论教育效果，但仍存在一些需要进一步深入研究的问题。

1. 信息化教学手段运用"热"的"冷"思考

社会信息化、教育信息化的深入发展，信息化教学手段、大数据技术乃至人工智能的应用，元宇宙的赋能都成为马克思主义理论教育领域的热门话题。理论教育信息化能在一定程度上激发青年学生的学习兴趣，并在一定范围内突破时空界限而提供理论学习的便利。但是，在部分学者看来，这种现代化手段把教师与学生之间的有效情感交流这一传统教学的优势和特征消解了，而面对面的有效情感交流正是保证思想政治理论课价值引导目标实现的重要因素。[①] 为了更好地将信息技术应用到思想政治理论课教学，有学者提出，高校思想政治理论课信息化教学需要处理好包括现代信息手段与思政课教学目标的关系、信息化教学形式与思政课内容的关系、虚拟空间与现实教学环境的关系、数字化"量"与大数据"质"的关系、线上教育与线下教育的关系。[②] 大数据的运用带来了数据思政的新理念，有学者从技术层面阐释了数据思政的基本意涵、生成逻辑与实践样态。[③] 2021 年有关数字世界的年度热词"元宇宙"进入学者们的研究视野。有学者研究元宇宙赋能高校思想政治教育的价值意蕴与实践路径，认为元宇宙高校思想政治教育的意义在于，可以打破单向输出的育人模式，创设虚实结合的交互学习环境；提供

---

① 顾钰民：《高校思想政治理论课改革"慕课热"以后的"冷思考"》，《思想理论教育导刊》2016 年第 1 期。

② 高奇、周向军、韩文彬：《高校思想政治理论课信息化教学需把握好的若干重要关系》，《思想理论教育导刊》2018 年第 2 期。

③ 唐良虎、吴满意：《数据思政：基本意涵、生成逻辑与实践样态》，《思想理论教育》2022 年第 5 期。

智能精准画像的技术支撑,丰富育人的探究性实践活动;立足多维度全周期的映射表征,优化高校思想政治教育评价体系。① 这些研究不仅有对教育实践的深度思考,还有面向未来的考量。

2. 思想政治理论课价值引导功能的深入考量

高校思想政治理论课是知识教育、能力教育和价值引导三者的辩证统一。当然,我们也还可以做其他解读。作为具有意识形态属性的思想政治理论课,还具有塑造学生正确世界观、人生观与价值观的引导功能和厚植学生人民情怀的感化功能。② 有学者强调,思想政治理论课本质上是意识形态课,其功能是通过理论教育达到政治认同。③ 综合来看,学者们对思想政治理论课的意识形态属性是确定的,这也突出了思想政治理论课除了与其他专业课程在知识教育、能力教育上的功能相同外,还必须具有价值引导功能,即引导青年大学生形成政治认同、爱国认同,马克思主义世界观、人生观、价值观认同的课程功能。目前,在关于如何实现思想政治理论课功能的研究中,学者们的研究重点在于素质教育视域下如何实现能力培养、综合素质培养的育人目标,对价值引导功能的研究相对较弱。在教学实践中,思想政治理论课存在相对虚化的倾向。这种弱化和虚化还体现在随着思想政治教育方式从显性到隐性的变革,越来越多的教育工作者误认为价值引导是思想政治理论课的隐性功能。这种认识导致部分研究者侧重讨论隐性教育方式的实施,使显性教育研究变成研究空场的错误倾向。

3. 信息化条件下科学评价体系的建构

高校思想政治理论课不是单纯的知识传授课,其理想的教学效果不仅要求教育对象树立科学的世界观、人生观、价值观,还要求教育对象实现知与行的统一,这就给思想政治理论课教学效果评价带来了难题。传统思想政治

---

① 董旖旎:《元宇宙赋能高校思想政治教育的价值意蕴与实践路径》,《思想理论教育》2022年第7期。
② 刘同舫:《高校思想政治理论课的功能及其实现》,《思想理论教育导刊》2021年第12期。
③ 陈锡喜、刘伟:《论把握高校思想政治理论课"有力支撑"的三个维度》,《马克思主义理论学科研究》2019年第2期。

理论课教学评价是将理论课堂与社会实践相结合，把定性评价与定量评价相结合，运用模糊数学的原理和方法，对一些评价指标进行模糊量化处理。这种评价体系的实施，对学生所学知识的评价相对客观、有效，但是对学生的价值观、实践行为等方面的考核评价则相对模糊。大数据技术的发展为高校思想政治理论课教学评价提供了技术支持和便利条件。有学者提出精准教学的设想，他们认为在思想政治理论课的精准教学中，可以应用语料库技术对教学行为、教学设计以及教学效果进行测量和评价。[①] 高校思想政治理论课教学数字化评价不仅具有必要性，也具有可行性。目前，这一变革的顺利实施还需要我们从构建思想政治理论课数字化指标体系、搭建数字化评价系统、形成数字化评价长效运行机制、完善数字化评价制度保障等方面进行实践探索和理论总结。

（三）马克思主义理论教育途径的协同推进

如何利用教育合力提升教育效果是马克思主义理论教育实践研究的一个重要关注点。党的十八大以来，党中央提出的关涉马克思主义理论教育途径协同推进的命题主要有"三全育人""同向同行""大思政课"等。教育工作者在高校全员育人、全过程育人、全方位育人的"三全育人"理念指导下，不断地探索马克思主义理论教育的协同推进路径。

1. 拓宽马克思主义理论教育与大学生日常思想政治教育相结合的有效途径

马克思主义理论教育和日常思想政治教育是高校思想政治教育的有机组成部分，前者是思想政治教育的主阵地，后者是思想政治教育的主渠道。二者的区别在于，马克思主义理论教育具有理论的系统性、专业性和主导性，日常思想政治教育具有全面性、日常性和实践性，两者各有侧重，各有优势。在教育实践中，二者的优势互补可以增强理论教育的针对性和实效性。有学者提出，二者结合的研究可以从教学形式、考核体系、教育主体的互动

[①] 李梁：《精准教学与思想政治理论课教学测量及评价探究》，《思想理论教育》2022年第1期。

交流等方面进行①。从教育者队伍的角色认同来看,有学者就高校辅导员如何进行"大思政课"教学提出了构想,认为高校辅导员应成为课堂教学的兼职思政课教师、实践教学的专职思政课教师、线上教学的网络思政课教师、管理育人的日常思政课教师。②

2. 夯实马克思主义理论教育与人文素质教育相契合的现实路径

从理论认知来看,学界一致认为应该对马克思主义理论教育与人文素质教育协同推进。一方面,马克思主义理论教育和人文素质教育在教育目标上有一定程度的契合,人文素质教育不仅要传授人文知识,培养学生的人文素质,让学生得"智",还要通过塑造学生的人文精神,让学生有"德";另一方面,马克思主义理论教育主要帮助学生掌握马克思主义的立场、观点和方法,引导学生树立正确的世界观、人生观和价值观,也是一场"德"和"智"的教育。在教育实践中,我们可以整合教育资源做到马克思主义理论教育和人文素质教育的协同推进。2016年,在全国高校思想政治工作会议之后,随着课程思政教育理念的提出,关于如何推进课程思政改革、推动课程思政与思政课程的同向同行问题,逐渐成为马克思主义理论教育研究的热点。

3. 探寻马克思主义理论教育与"文化强国"战略实践互动新视野

马克思主义理论教育作为社会主义文化建设的重要内容,离不开社会主义文化建设的视野和语境。为响应"文化强国"战略,马克思主义理论教育界提出了"以文化人"的教育方针。马克思主义是人类优秀思想文化的结晶,中国化的马克思主义是马克思主义基本原理同中华优秀传统文化相结合的产物。马克思主义理论教育要充分发挥马克思主义文化熏陶、文化感染的作用,让教育对象在对文化的理解中达成对意识形态的认同。"以文化人"要求在马克思主义教育实践过程中要注重文化的交流、交锋和交融,要吸收中华传统文化、西方外来文化、大众通俗文化的有益元素,要以中华

---

① 王炳林、张润枝:《关于思想政治理论课与日常思想政治教育相结合的思考》,《思想理论教育导刊》2009年第5期。
② 马福运、杨繁:《高校辅导员融入"大思政课"的角色定位》,《高校辅导员》2022年第3期。

民族的文化自觉涵养马克思主义,形成中国特色的马克思主义理论体系、话语体系、方法论体系,从而推动"文化强国"建设。

总体来看,实践研究重点关注的是高校马克思主义理论教育实践,体现了对青年学生群体开展马克思主义理论教育的重视;将马克思主义人学理论、生活世界理论、系统论等基本理论及方法原则贯彻到马克思主义理论教育实践中,极大推进新时代马克思主义理论教育的实效性。当然,如何准确把握、全面认识马克思主义理论教育功能,如何科学把握意识形态教育和素质教育的辩证统一,如何推动思政课程与课程思政协同创新,仍然是理论研究和实践探索中需要进一步重点解决的问题。

三 历史之维:以理论总结为主旨的思想发展历程

从思想发展史的角度来总结马克思主义理论教育思想的基本理论问题,是推动马克思主义理论教育学科化的前提和基础,有利于在理论与实践、历史与现实的结合中总结和揭示马克思主义理论教育的基本规律。马克思主义理论教育思想的发展历程与研究主要体现在以下三个方面。

(一)以经典作家和中国共产党代表人物的理论教育思想为研究主线

学者们对经典作家和中国共产党代表人物的马克思主义理论教育思想的研究,主要是对历史文献的挖掘和社会历史条件的科学分析。学者们的研究集中在三个方面。一是对经典作家和中国共产党代表人物的马克思主义观的梳理和概括。马克思主义观是对马克思主义总的看法和根本观点,它包含什么是马克思主义、如何对待马克思主义两大问题。马克思主义观与马克思主义理论教育思想紧密相连,经典作家和领袖人物的马克思主义观是马克思主义理论教育思想的缘起和基础。二是对经典作家和中国共产党代表人物教育思想的概括与总结。马克思主义理论教育与教育是个别与一般、部分与整体的关系,对经典作家和中国共产党代表人物马克思主义理论教育思想的文本研究需要扩大到他们对教育的理论论述，从关于教育思想的一般研究中梳理出马克思主义理论教育思想。三是对经典作家和中国共产党代表人物思想政治教育思想的研究与概括。马克思主义理论教育是思想政治教育的途径，是思想政治教育的核心和基础，马克思主义理论教育与思想政治教育是部分与整体的关系。因此，对部分的研究自然离不开对整体的研究。同时，马克思主义理论教育的特殊地位也要求我们将其从思想政治教育的一般研究中凸显出来，进行独立的研究。

学者们在文献研究的基础上，按照逻辑与历史相统一的方法揭示了马克思主义理论教育思想连续性与阶段性相统一的发展历程；论证了马克思主义理论教育思想在斗争中自我发展、自我完善，呈现前进性和曲折性相统一的历史特点。从逻辑层面看，学者们梳理了经典作家和中国共产党代表人物的思想理论体系，涉及教育的主体客体、教育内容、教育原则、教育环境等基础理论问题，为马克思主义理论教育的基础理论体系构建提供了重要的思想来源；概括了马克思主义理论教育的一般规律和基本原则，指出了理论联系实际是中国共产党一以贯之的马克思主义学风。

（二）以不同历史阶段马克思主义理论教育的特点为研究主题

学者们采用"史论结合"的方法对不同历史时期中国共产党开展的马克思主义理论教育及特点进行深入研究，总结历史经验和教训。学者们对中国共产党马克思主义理论教育发展阶段的研究主要集中在两个历史阶段。

第一个历史阶段是新中国成立到"文化大革命"之前。这是我国理论教育基础初步奠定阶段。中共中央结合当时的形势和任务在全党、全社会分层次地开展了普遍的马克思主义理论教育。马克思主义理论教育的层次性主要表现为，在全党范围内以加强党风建设为首要目的，在高校以培养新中国第一代知识分子为教育重任，在民族资产阶级知识分子中以思想改造为教育目标，在人民群众中进行形势和任务教育，普及马克思主义基本理论知识。

第二个历史阶段是改革开放以来的马克思主义理论教育。这一时期的理论教育逐步迈入正常轨道并取得长足发展。马克思主义理论教育逐步跳出传统理念的束缚，既不再将政治化需求和社会发展的需要完全强加于人的发展上，忽视教育对象的真实存在，也不完全倾向于个体脱离社会的自然发展，而是在全面兼顾人的发展和社会发展的基础上，剥离种种外在的强求，把实现人的全面发展作为马克思主义理论教育的终极目标，坚持意识形态性、科学性、思想性和人本性的辩证统一。[①] 分历史阶段的研究凸显了中国共产党在不同历史时期教育目标、核心内容和教育方式上的鲜明特点，正反两方面的历史经验也有助于我们科学把握理论教育的一般规律。

（三）以马克思主义集中教育实践活动为中心线索

从延安整风到党史学习教育，中国共产党在全党上下开展了一次又一次的马克思主义集中教育实践活动，学术界对不同历史时期集中教育实践活动的研究，从实践经验角度不断充实着理论教育的原则和方法体系。

1. 重点关注延安整风运动的精神实质及其深远意义

延安整风是中国共产党历史上第一次普遍而深入的马克思列宁主义教育运动，它为中国共产党加强自身建设，从思想理论、思想作风、根本宗旨、理想信念和正确开展党内斗争的原则与方法上进行了有益尝试。延安整风的最大功绩是使广大干部学会了用马克思主义的立场、观点、方法分析问题。[②] 从整风的形式和方法来看，"整风"是对"批判"和"灌输"这一马克思主义理论教育一般形式的灵活运用；[③] "整风"在全党范围内使调查研究工作作为学习的基本方面；"整风"提倡"挤""钻"和"学到底"相结合的学习方法。

2. 深入挖掘改革开放以来党内集中教育活动的成功经验

改革开放以来，中国共产党先后开展了多次大规模的集中教育活动，主

---

① 刘艳：《改革开放以来中国共产党人马克思主义理论教育思想发展研究》，中国书籍出版社，2015。
② 石仲泉：《毛泽东与延安整风运动》，《毛泽东邓小平理论研究》2012年第6期。
③ 程伟：《延安整风时期的理论教育及其当代价值研究》，中国社会科学出版社，2008，第165页。

要包括1983~1987年的整党活动（这是新中国成立以来第一次没有以政治运动的形式开展的整党活动）、1995~2000年的"三讲"教育活动、2000~2002年的"三个代表"重要思想学习教育活动、2005~2006年的保持共产党员先进性教育活动、2008~2010年的学习实践科学发展观活动、2021年开始在全党开展的党史学习教育活动等。学者们指出，改革开放以来的数次马克思主义集中教育活动丰富和发展了党的建设理论，形成了一套符合时代特点和自身特质的党内集中教育的有效方法，在集中教育实践的基础上中国共产党找到了一条不搞政治运动，通过正面教育来解决党内存在的突出问题的新道路。①

3. 党的十八大以来党内集中性学习教育的理论总结

党的十八大以来，中国共产党先后开展了党的群众路线教育实践活动、"三严三实"专题教育、"两学一做"学习教育、"不忘初心、牢记使命"主题教育、党史学习教育等系列党内集中性教育实践活动。学者们指出，主题教育实践活动的开展是聚焦转变党风问题，从党的群众路线教育实践活动来看，这次主题教育实践活动的开展在党的建设问题上就是治本与治标的统一。② 学者们分别围绕这些教育活动的主体内容、学习成效以及实践经验等进行了分析和总结。有学者指出，党的十八大确定的"党的群众路线教育实践活动"积累了如下经验：自我教育应当成为群众路线教育的基本原则和主要方式；学习马克思主义经典著作，掌握马克思主义群众观点，是开展党的群众路线教育实践活动的首要任务；在群众路线教育中，领导干部要强化马克思主义的实践观和权力观，才能更好地把群众路线内化为自己的信念，外化为群众工作的方法。③

从研究的整体规模来看，关于经典作家和中国共产党领袖人物马克思主义理论教育思想的系统研究还稍显薄弱。目前，国内学界较有代表性的成果

---

① 欧阳淞：《三次党内集中学习教育活动的回顾与思考》，《中国社会科学》2011年第4期。
② 齐卫平：《群众路线教育实践活动与执政党建设路径》，《中共中央党校学报》2013年第5期。
③ 陈锡喜：《群众路线教育的理论自觉、历史视野和实践探索》，《思想理论教育》2013年第9期。

是武汉大学研究团队形成的《马克思主义理论教育思想发展史研究》。这一著作对马克思、恩格斯、列宁、毛泽东、邓小平、江泽民、胡锦涛等的理论教育思想进行了系统梳理和总结，为继续深入研究马克思主义理论教育提供了很好的研究范例。

小　结

理论体系的构建、实践经验的总结、思想发展历程的追溯是马克思主义理论教育研究的三个基本维度。在此基础上形成的对马克思主义理论教育基本原理的认识，为马克思主义理论教育研究奠定了坚实的基础。在社会实际工作中，马克思主义理论教育是意识形态工作、党的思想建设工作、思想政治教育工作中的一部分。我们要对相互交织的社会现象和实践工作展开深入而系统的研究，就必须正确把握研究对象的科学内涵。此外，中国共产党人在不同历史时期的马克思主义理论教育思想和实践，是新时代马克思主义理论教育的历史样本，能为我们在马克思主义理论教育方法上的继承和创新提供重要的理论依据和思想资源。党的十八大以来，党和国家在社会主义意识形态建设、文化建设、党的建设中对思想理论教育的重视凸显了马克思主义理论教育在中国共产党领导的中国特色社会主义事业中的重要地位。中国特色社会主义进入新时代，马克思主义理论教育实践在不断推进，理论研究也必须卓有成效地回答实践提出的新问题。正如习近平总书记在中共中央政治局第二十次集体学习时指出的，要"实现理论创新和实践创新良性互动，在这种统一和互动中发展二十一世纪中国的马克思主义"①。新时代的马克思主义理论教育研究需要理论工作者们把握理论教育精髓，不断探索和反思，推陈出新。

---

① 《习近平关于社会主义文化建设论述摘编》，北京：中央文献出版社，2017，第65页

第一章
马克思主义理论教育方法的历史发展

"一部马克思主义发展史既是马克思主义经典作家的思想发展史，又是马克思主义传播史，还是马克思主义理论教育史。"① 马克思主义理论教育思想的形成和发展是一个历史过程，与之相对应，马克思主义理论教育方法的探索与实践经历了从马克思恩格斯对马克思主义理论教育方法的奠基，到列宁对马克思主义理论教育方法的系统化发展，再到中国共产党人对马克思主义理论教育方法的推进三个历史发展阶段。

一 马克思恩格斯与马克思主义理论教育方法的奠基

马克思恩格斯在创立马克思主义理论之初，就特别重视对无产阶级和革命群众进行理论武装和思想教育，对马克思主义理论教育思想体系的构建奠定了坚实的理论基础。《共产党宣言》作为传播最广的马克思主义经典文献，不仅标志着马克思主义理论体系的形成，对马克思主义理论教育思想体系的构建同样具有重要的奠基意义。《〈黑格尔法哲学批判〉导言》《神圣家族》《德意志意识形态》《共产党宣言》《1848年至1850年的法兰西阶级斗争》《路易·波拿巴的雾月十八日》等经典文献蕴含着丰富的马克思主义理

---

① 石云霞：《马克思主义理论教育思想发展史研究》（上），北京：中国社会科学出版社，2012，第1页。

论教育思想，科学回答了为什么要开展马克思主义理论教育、如何开展马克思主义理论教育等根本性问题，确立了坚持教育者先受教育、理论联系实际等马克思主义理论教育的方法论原则。

1. 确立了教育者先受教育的方法论原则

马克思主义理论教育由谁来组织实施？这是如何开展马克思主义理论教育的前提性问题。虽然马克思恩格斯都没有明确提出过马克思主义理论教育主体的概念和范畴，但是，在《共产党宣言》等著述中，马克思恩格斯对于无产阶级政党的先进性进行了多维度的阐释，其中关于无产阶级政党先进性的论述蕴含着共产党作为马克思主义理论教育主体的质的规定性。作为马克思主义理论教育的组织者和实施者，教育者必须先受教育，这是开展马克思主义理论教育的重要方法论原则。

第一，"教育者本人一定是受教育的"[①]。这是历史唯物主义基本原理的生动体现和实践要求。恩格斯在《马克思论费尔巴哈》中明确指出："有一种唯物主义学说，认为人是环境和教育的产物，因而认为改变了的人是另一种环境和改变了的教育的产物，——这种学说忘记了：环境正是由人来改变的，而教育者本人一定是受教育的。因此，这种学说必然会把社会分成两部分，其中一部分凌驾于社会之上。"[②] 在马克思主义产生以前，许多唯心主义的思想家和教育家把人分为两部分，其中少部分资产阶级思想家和教育家自视高出社会之上，凌驾于人民之上。马克思对这种自然观上的唯物主义、历史观上的唯心主义学说进行了深入批判，深刻阐述了人与环境之间、教育者与受教育者之间的辩证关系，提出了"教育者本人一定是受教育的"、教育者先受教育的观点。按照历史唯物主义观点，共产党作为马克思主义理论教育的组织者和实施者，必须深入参与无产阶级革命实践，向实践学习，向人民学习，才能将完整的、系统的、与时俱进的马克思主义理论传授给受教育者。

---

① 《马克思恩格斯文集》第1卷，北京：人民出版社，2009，第500页。
② 《马克思恩格斯文集》第1卷，北京：人民出版社，2009，第504页。

第二，教育者必须同传统观念进行决裂。从一切无产阶级政党的共同目的来看，共产党是将推翻资产阶级的统治作为自己的最近目标的，"共产主义的特征并不是要废除一般的所有制，而是要废除资产阶级的所有制"①，而与旧有生产关系的彻底决裂，必须伴随着与传统观念的彻底决裂，这就是共产党必须成为理论教育主体的原因之一。《共产党宣言》指出，消灭"传统的所有制关系"（注：这里的"传统的所有制关系"即以往的私有制），同传统的所有制关系实行"最彻底的决裂"②，这是共产主义经济革命的任务。除此之外，共产主义革命还有思想革命的任务，思想革命就是"在自己的发展进程中要同传统的观念实行最彻底的决裂"③。"传统的观念"在这里指的是资产阶级为维护其统治所宣扬的宗教、道德等。《共产党宣言》指出，共产主义对私有制的否定不应该建立在抽象的人道主义和"自由、平等、博爱"的理性原则上，这种理性原则是资本主义反对封建主义的思想武器，是一种落后的社会意识；共产主义对私有制的否定应该建立在对人类历史规律的科学认识上，特别是对资本主义发展的客观规律做出科学结论的基础上。重视社会意识对社会存在的能动反作用是历史唯物主义提供的科学方法论，无产阶级政党作为马克思主义理论教育的组织者和实施者，必须进行思想革命、先受教育，用先进的历史唯物主义思想去占领社会意识领域，用先进的理论武装群众。

第三，教育者必须始终保持先进性。从共产党不同于其他无产阶级政党的先进性来看，共产党在理论方面必须有胜过其余无产阶级群众的优越性，共产党在实践方面必须具备"始终起推动作用"的先进性。在理论方面，关于无产阶级运动，共产党必须有深刻的认知，"了解无产阶级运动的条件、进程和一般结果"④。共产党是以历史唯物主义理论作为思想武器的，这种思想武器是对客观存在的历史现象的正确认识，"不过是现存的阶级斗

---

① 《马克思恩格斯文集》第 2 卷，北京：人民出版社，2009，第 45 页。
② 《马克思恩格斯文集》第 2 卷，北京：人民出版社，2009，第 52 页。
③ 《马克思恩格斯文集》第 2 卷，北京：人民出版社，2009，第 52 页。
④ 《马克思恩格斯文集》第 2 卷，北京：人民出版社，2009，第 44 页。

争、我们眼前的历史运动的真实关系的一般表述"①。这种理论优越性也为共产党成为理论教育主体准备了条件，使共产党具备了理论教育的主体资质。在革命实践中，"共产党人是各国工人政党中最坚决的、始终起推动作用的部分"②。"最坚决"说明共产党人对于共产主义具有无上信仰，"始终起推动作用"则是要求共产党人在革命实践中必须始终在人民群众中具有主导力。这种主导力既体现在领导力上，也要体现在组织和思想引导力上。哪怕是在配合资产阶级进行的资产阶级革命中，共产党人也要竭尽全力对工人阶级进行阶级意识和革命觉悟的教育，目的是激发工人阶级在适当时机进行反对资产阶级的革命。《共产党宣言》在分析德国共产党对各反对党派的具体情况时指出："共产党一分钟也不忽略教育工人尽可能明确地意识到资产阶级和无产阶级的敌对的对立，以便在推翻德国的反动阶级之后立即开始反对资产阶级本身的斗争。"③ 可见，共产党人要保持先进性，要成为革命中最坚决、始终起推动作用的部分，接受马克思主义理论教育就成了责无旁贷的任务。

在《共产党宣言》中，马克思恩格斯也阐述了马克思主义理论教育原初级主体的出现。在统治阶级内部瓦解的过程中，"资产阶级中也有一部分人，特别是已经提高到能从理论上认识整个历史运动的一部分资产阶级思想家，转到无产阶级方面来了"④。这部分知识分子、理论家在当时的历史条件下，就成了到工人群众中开展理论教育的原初级主体，而马克思恩格斯也就赫然在列。共产党的理论自觉不是自动生成的，必定有一个产生、形成的过程，作为马克思主义理论教育原初级主体，必将在无产阶级革命和马克思主义理论教育的实践中，在接受马克思主义理论教育的过程中实现马克思主义理论自觉。马克思非常注重对无产阶级革命家和理论家的马克思主义教育，第一批马克思主义理论家，如李卜克内西、倍倍尔、拉法格等，都受过

---

① 《马克思恩格斯文集》第2卷，北京：人民出版社，2009，第45页。
② 《马克思恩格斯文集》第2卷，北京：人民出版社，2009，第44页。
③ 《马克思恩格斯文集》第2卷，北京：人民出版社，2009，第66页。
④ 《马克思恩格斯文集》第2卷，北京：人民出版社，2009，第41页。

马克思的直接影响和教诲。这些理论家的社会影响也远远超出了民族和地区的限制，他们为马克思主义的宣传和传播所起的作用不可替代。

教育者先受教育成为马克思主义理论教育的重要方法论原则，中国共产党人坚持和发展了这一方法论原则。毛泽东《在延安文艺座谈会上的讲话》中明确提出："只有做群众的学生才能做群众的先生。"① 习近平总书记在全国高校思想政治工作会议上的重要讲话中指出："传道者自己首先要明道、信道。高校教师要坚持教育者先受教育，努力成为先进思想文化的传播者、党执政的坚定支持者，更好担起学生健康成长指导者和引路人的责任。"②

2. 确立了理论联系实际的方法论原则

理论联系实际是马克思主义理论在创立和发展中坚持的基本原则。"意识在任何时候都只能是被意识到了的存在"③，科学的理论归根结底是对客观存在的反映。马克思恩格斯积极投身工人运动，在指导工人运动的过程中，又积极地总结实践经验推动理论的发展。1871年3月，第一个无产阶级政权——巴黎公社成立。但是，不到两个月的时间，巴黎公社即被血腥镇压，宣告失败。在巴黎公社失败后的第三天，马克思就写下了《法兰西内战》这篇重要理论文献。《法兰西内战》通过对巴黎工人斗争状况，巴黎公社原则、经验、教训和实质的全面阐释，进一步论证了无产阶级革命必须首先打碎资产阶级国家机器的思想，从而进一步丰富和发展了马克思主义的基本理论。马克思主义理论正是在坚持理论联系实际的基本原则中成为科学的理论。马克思恩格斯对理论联系实际的强调为马克思主义理论教育方法论体系的建立提供了根本遵循。理论联系实际这一方法论原则贯彻到马克思主义理论教育问题上主要表现为以下三个方面。

第一，坚持以共产主义革命的需要为导向。早在《〈黑格尔法哲学批判〉导言》中，马克思就明确指出："哲学把无产阶级当做自己的物质武

---

① 《毛泽东选集》第3卷，北京：人民出版社，1991，第864页。
② 《习近平谈治国理政》第2卷，北京：外文出版社，2017，第379页。
③ 《马克思恩格斯全集》第3卷，北京：人民出版社，1960，第29页。

器,同样,无产阶级也把哲学当做自己的精神武器。"① 这一论断的提出,蕴含着对理论联系实际基本原则的阐释,即无产阶级只有掌握马克思主义理论武器才能成为真正的自为阶级,才能积极投身共产主义革命运动。在《共产党宣言》中,马克思恩格斯通过对工人阶级成长的历史分析,揭示了无产阶级在思想意识方面的现实特点,指出无产阶级只有掌握马克思主义理论武器才能成为自为阶级。无产阶级经历了不同的发展阶段。工人成长的初级阶段,组织涣散,"他们不仅仅攻击资产阶级的生产关系,而且攻击生产工具本身"②,在社会斗争中,他们沦为新兴资产阶级争夺利益的工具,"同自己的敌人作斗争"③;随着工业的发展,无产阶级逐步成立了反对资产阶级的同盟,但此时阶级斗争的目标还仅限于眼前的物质利益——工资。此后,生产力的发展不断提高着无产阶级政治联合的速度,旧社会内部的冲突不断将无产阶级卷入政治运动,"资产阶级自己就把自己的教育因素即反对自身的武器给予了无产阶级"④,让无产阶级在运动中接受了政治教育和普遍教育的因素,从而加速了其阶级意识和阶级斗争的教育启蒙。在社会阶级构成的另一端,工业的进步对资产阶级队伍进行了分化,一部分资产阶级被抛到了无产阶级队伍中来,这部分人也给无产阶级带来了启蒙和进步的新因素,甚至在阶级斗争的尖锐时期,资产阶级的一部分思想家归附到无产阶级队伍中,他们的加入扩大了对工人阶级进行阶级意识和革命觉悟培养的积极因素。由此可以看出,工人阶级的阶级意识和斗争自觉是在生产力逐步提高、政治运动不断形成规模的过程中得以形成和提升的。作为共产主义革命的主体力量,无产阶级必须掌握历史唯物主义基本原理,正确认识历史规律,才能自觉地推动人类社会的发展。缺乏科学理论的指导,工人群众不能从自发阶级转变为自为阶级,不能从经济的斗争上升为政治自觉,也不能从地方性的斗争汇合成为阶级斗争。列宁指出:"没有革命的理论,就不会有

---

① 《马克思恩格斯文集》第1卷,北京:人民出版社,2009,第17页。
② 《马克思恩格斯文集》第2卷,北京:人民出版社,2009,第39页。
③ 《马克思恩格斯选集》第1卷,北京:人民出版社,2012,第408页。
④ 《马克思恩格斯选集》第1卷,北京:人民出版社,2012,第410页。

革命的运动。"① 无产阶级政党开展马克思主义理论教育，在当时的主要任务是号召和组织工人运动，以此来推翻资产阶级的统治。

共产主义革命的长期性也决定了马克思主义理论教育的长期性。马克思指出，对无产阶级进行理论教育是一个长期的历史过程，这是因为同传统观念的彻底决裂有一个历史的过程。"意识形态无历史"是关于意识形态的一个重要论断。意识形态的产生、发展不是绝对独立的过程，不是意识决定生活，而是生活决定意识，这是马克思在《德意志意识形态》中提出的观点。道德、宗教、形而上学和其他意识形态都没有脱离生活而独立发展的历史。从事物质生产、在生产关系中处于不同地位的人们，在改造客观世界的同时也在改造主观世界，改变意识形态。历史是不断发展的，不同历史时期的意识形态在形式上形形色色、千差万别，在有阶级差别的社会里一定存在不同阶级的意识形态，"这些形式，这些意识形式，只有当阶级对立完全消失的时候才会完全消失"②。从这个意义上来说，只要无产阶级还未取得最后的胜利，只要阶级对立、阶级差别还存在，作为无产阶级意识形态核心的马克思主义就需要在意识形态建设中占据主导地位，马克思主义理论就需要被群众掌握，成为指导人民群众认识世界和改造世界的精神武器。从共产主义革命"两个决裂"的任务来看，"同传统所有制关系的彻底决裂"与"同传统观念的彻底决裂"是共产主义的本质和目标，也是历史发展的必然趋势。这种趋势同生产力的发展水平必然相连，如果简单地把这种趋势看作短短几年、几十年就能实现的目标，那是对"两个彻底决裂"的错误理解。中国的社会主义实践已经证明，无论是在社会主义革命年代，还是在社会主义建设时期，无产阶级政党都需要用马克思主义理论教育群众，在马克思主义的基本原理中找到社会主义革命和建设的行动指南。

第二，坚持以马克思主义哲学教育为根本。马克思指出："理论一经掌握群众，也会变成物质力量。"③ 但是，理论只有彻底才能掌握群众。何谓

---

① 《列宁专题文集 论无产阶级政党》，北京：人民出版社，2009，第39页。
② 《马克思恩格斯文集》第2卷，北京：人民出版社，2009，第52页。
③ 《马克思恩格斯全集》第3卷，北京：人民出版社，2002，第207页。

"彻底"的理论？"彻底"的理论就是能反映事物的客观规律，抓住事物的本质的理论。而理论只有建立在事实与逻辑的基础上，才有可能揭示事物发展的"必然"，抓住事物的根本。马克思主义理论教育蕴含的重要方法论原则就是要重视马克思主义哲学教育。众所周知，《共产党宣言》是马克思主义形成的标志，其中蕴含马克思主义哲学、马克思主义政治经济学、科学社会主义的基本理论。在马克思主义的三个组成部分中，马克思主义哲学是马克思主义政治经济学和科学社会主义产生和形成的理论基础。马克思恩格斯在《共产党宣言》中对资产阶级和无产阶级成长的揭示，对共产党党性的阐述，对几种反动的、假的社会主义思潮的分析等，始终贯穿着对历史唯物主义的解读和运用。"彻底"地解释"资本主义必然灭亡，共产主义必然胜利"①的科学原理，能激励广大人民群众为实现共产主义而奋斗。这也给马克思主义理论教育带来了重要启示：学习马克思主义，最根本的就是要从哲学层面把握它的科学世界观和方法论；开展马克思主义理论教育，更重要的是进行马克思主义哲学教育。在革命、建设、改革等不同的历史时期，中国共产党正是运用历史唯物主义，具体、科学地分析了中国社会状况及其运动发展规律，才推动党和人民的事业取得了一个又一个胜利。

第三，坚持在理论与实践的结合中开展教育。马克思恩格斯在《共产党宣言》以及多个版本的序言中，都强调了理论在运用和发展的过程中联系实际的重要性。在论述德国的或"真正的"社会主义时，马克思恩格斯指出："在这种著作从法国搬到德国的时候，法国的生活条件却没有同时搬过去。在德国的条件下，法国的文献完全失去了直接实践的意义，而只具有纯粹文献的形式。"②从马克思主义理论教育的角度看，这一论断是对教条主义的批判。在《1872年德文版序言》中，恩格斯强调："这些原理的实际运用，正如《宣言》中所说的，随时随地都要以当时的历史条件为转移。"③1887年1月，恩格斯在致弗·凯利-威士涅威茨基夫人的信中又重申这一根

---

① 《改革开放三十年重要文献选编》（下），北京：中央文献出版社，2008，第1104页。
② 《马克思恩格斯文集》第2卷，北京：人民出版社，2009，第57~58页。
③ 《马克思恩格斯文集》第2卷，北京：人民出版社，2009，第5页。

本原则："我们的理论是发展着的理论，而不是必须背得烂熟并机械地加以重复的教条。"① 由此可见，马克思主义是不断发展的科学的理论，马克思主义理论的学习和实际运用"随时随地都要以当时的历史条件为转移"②，马克思主义理论教育要在理论与实践的辩证统一中开展。

  理论联系实际是马克思主义理论教育方法体系的总体原则。今天，我们在理论教育实践中探索和建立了诸多教育方法，但是不管是依赖科学技术进步而倡导的信息化教学法，还是强调经典文献阅读的原著教学法，又或是以问题为导向的研究性教学法，无不贯彻理论联系实际这一总体原则。理论联系实际的方法论原则也是中国共产党在漫长的革命、建设、改革实践中的重要经验总结。成立初期的中国共产党，在对待马克思主义的问题上曾经先后出现过严重的右倾和"左"倾错误，这两种错误从思想根源上看，都是在处理理论与实际的关系问题上犯了理论与实际不统一、主观与客观相分离的错误。要么思想落后于实践，不能随变化了的客观形势把革命推向前进，拘泥保守，停步不前；要么完全从"本本"出发，忽视中国国情，照抄照搬外国经验，其结果是给党造成了严重灾难，甚至几乎断送了中国革命。为了让广大党员在思想上认真清理主观主义和教条主义，毛泽东于1942年亲自领导了一场以反对主观主义为主要任务的整风运动。整风运动是中国共产党历史上一次成功的马克思主义理论集中教育实践。在《整顿党的作风》中，毛泽东对"理论联系实际"的科学内涵进行了经典表述。毛泽东指出："中国共产党人只有在他们善于应用马克思列宁主义的立场、观点和方法，善于应用列宁斯大林关于中国革命的学说，进一步地从中国的历史实际和革命实际的认真研究中，在各方面作出合乎中国需要的理论性的创造，才叫做理论和实际相联系。"③ 通过整风，中国共产党人进一步明确了理论联系实际原则的具体要求，即善于运用马克思主义的立场、观点、方法来研究中国实际，为抗日战争的胜利和新民主主义革命的胜利奠定了重要的思想基础。

---

① 《马克思恩格斯文集》第10卷，北京：人民出版社，2009，第562页。
② 《马克思恩格斯文集》第2卷，北京：人民出版社，2009，第15页。
③ 《毛泽东选集》第3卷，北京：人民出版社，1991，第820页。

二 列宁与马克思主义理论教育方法的发展

列宁是马克思主义理论教育思想的集大成者，他以"灌输论"为核心，构建了系统的马克思主义理论教育思想，推动了马克思主义理论教育方法的系统化发展。19世纪末20世纪初，俄国组建了马克思主义政党，越来越多的工人群众开始接触马克思主义。但是，当时党内思想混乱、组织涣散，工人运动中的自发倾向又助长了经济主义。面对这一状况，列宁意识到对广大党员和广大工人群众开展马克思主义理论教育的重要性，他相继发表了《什么是"人民之友"以及他们如何攻击社会民主党人？》（1894）、《社会民主党纲领草案及其说明》（1895~1896）、《俄国社会民主党人的任务》（1897）、《俄国社会民主党人抗议书》（1899），《怎么办？》（1901~1902）等著作。列宁在上述著作中既阐发了马克思恩格斯的马克思主义理论教育思想，又进行了新的理论创造，形成了以"灌输论"为核心的、新的、完整的马克思主义理论教育方法论。列宁的"灌输论"全面系统地阐述了"灌输"的必要性、"灌输"的目的、"灌输"的主体客体以及"灌输"的具体实施等重要问题。

第一，关于"灌输"的必要性。列宁在《怎么办？》中阐明了自发性与自觉性的关系，从而说明工人阶级政党运动必须用革命理论来指导，才能实现从自发性到自觉性的转变。列宁首先肯定了工人运动中的自发性蕴含着自觉性，并认为在一定条件下自发性能转化为自觉性。他指出，经济方面的这种自发斗争形式，"可以成为唤起阶级意识、开展工会斗争和传播社会主义的起点"[①]。从自发性与自觉性的本质区别来看，列宁又指出，工人运动的自发性还不是自觉性，只有在能够表达工人阶级利益的系统革命理论的指导下，自发性才能转化为自觉性。推崇经济斗争的同时，也需要进行政治斗争，工人阶级政党绝不能仅仅停留在工人群众的罢工运动上，而要"从各

---

① 《列宁选集》第1卷，北京：人民出版社，2012，第341页。

方面支持方兴未艾的群众运动"①，因为"只有这种运动才能真正唤醒、推动、启发和组织群众，才能教育群众充分信任革命无产阶级的领导作用"②。

第二，关于"灌输"的目的。列宁将其归结为革命、建设与育人的辩证统一。革命和建设侧重于社会变革和社会发展，育人侧重于人的发展，三者相辅相成，体现了社会发展和人的发展的辩证统一。③ 俄国十月革命前，布尔什维克党和广大无产阶级的主要任务是推翻沙皇专制制度和资本主义剥削制度。无产阶级政党必须注重启发无产阶级的自我意识。列宁提出："奴隶一旦意识到自己的奴役地位，并且站起来为自身的解放而斗争，他就有一半已经不再是奴隶了。"④ 工人阶级自我意识的觉醒是自我解放的前提，正是在这一思想的指导下，列宁非常注重对工人的阶级意识启蒙。十月革命胜利后，列宁意识到布尔什维克党面临的第一个任务是保卫新生的无产阶级政权。因此，他将马克思主义理论教育目标明确地定位为培养无产阶级。列宁指出："无产阶级如果没有培养出高度的觉悟、严格的纪律以及在对资产阶级作斗争时的无限忠诚，就是说，如果不能完成无产阶级为完全战胜其宿敌所必须提出的一切任务，那就谈不到实现无产级专政。"⑤ 在社会主义建设时期，为了发动广大人民群众积极参加新社会建设，列宁又意识到必须让人民群众清楚什么是社会主义，于是又将马克思主义理论教育的具体目标确定为开展社会主义理论教育，通过科学社会主义的基本原理教育战胜其他小资产阶级对无产阶级和广大群众的消极影响，增强无产阶级和广大群众参加社会主义建设的积极性、主动性。后来，列宁在《青年团的任务》中集中探讨了关于培养共产主义新人的问题，他在社会主义建设实践的基础上，对马克思主义经典作家关于马克思主义理论教育的目的和思想进行了拓展。

第三，关于"灌输"的主体和客体。列宁形成了极其系统的理论教育

---

① 《列宁全集》第 21 卷，北京：人民出版社，2017，第 146 页。
② 《列宁选集》第 4 卷，北京：人民出版社，2012，第 243 页。
③ 孙来斌：《列宁的马克思主义理论教育思想研究》，北京：中国社会科学出版社，2010，第 111 页。
④ 《列宁专题文集 论辩证唯物主义和历史唯物主义》，北京：人民出版社，2009，第 220 页。
⑤ 《列宁选集》第 4 卷，北京：人民出版社，1995，第 302 页。

主客体思想。列宁对马克思主义理论教育主体的认识既深刻又具体。他明确指出，科学理论是由知识分子总结出来的，"社会主义学说则是从有产阶级的有教养的人即知识分子创造的哲学理论、历史理论和经济理论中发展起来的"①。在他看来，工人群众由于知识水平的局限性，从事不了这种需要高度"抽象力"的理论工作。列宁不仅指出"灌输"主体需要具备一定的知识水平，他还对"灌输"主体的能力认知做了具体深入的概括。列宁指出："我们应当既以理论家的身份，又以宣传员的身份，既以鼓动员的身份，又以组织者的身份'到居民的一切阶级中去'。"② 在列宁看来，"灌输"主体必须胜任理论家、宣传员、鼓动员、组织者四种角色。此外，"灌输"主体还必须具备四种能力，即精通理论、文笔犀利、富有口才、善于组织。为了提高"灌输"的针对性和效果，列宁又对马克思主义理论教育客体进行了辩证的分析。列宁根据工人阶级内部与党组织关系的亲疏程度，把工人阶级按照觉悟程度划分为党的革命家组织、党的基层组织、靠近党的组织、不靠近党的组织、没有参加组织的分子五个层次。列宁认为，这五个层次的工人阶级由于与党保持联系的亲密程度不同，他们的思想认识水平是依次递减的。③ 对于农民的认识，列宁提出，农民的文化水平相对比较低，这就决定了在农村进行共产主义教育更具有长期性和艰巨性。在列宁看来，在农民当中不能先急于进行共产主义理论的灌输，对农民进行共产主义教育必须开展一些前期工作，如通过文化教育提高农民的文化水平，通过简单的科学知识教育进行无神论教育等。列宁在马克思主义理论教育实践中构建了有机联系的主体客体系统，领袖、政党、阶级、群众是这个系统的基本构成要素，在这个系统中既包含着由上到下的层层教育关系，又包含着由下到上的层层影响关系，正是理论教育主客体之间这样的相互影响、相互转化，构成了马克

---

① 《列宁专题文集 论无产阶级政党》，北京：人民出版社，2009，第76页。
② 《列宁选集》第1卷，北京：人民出版社，2012，第366页。
③ 吴远、吴日明：《灌输理论与当代中国马克思主义大众化》，《马克思主义研究》2010年第9期。

思主义理论教育的现实过程。①

第四，关于"灌输"的实施。列宁在坚持理论联系实际基本原则的基础上，提供了操作层面的具体实施方法。从教育的前期准备来看，列宁提出要深入基层的实际生活中调查研究，从而在把握实际的基础上增强教育的针对性。从教育效果的检验标准来看，列宁指出，我们宣传马克思主义，要求工人阶级掌握马克思主义，但是，"马克思主义的原则决不在于背诵词句的多少，不在于必须永远遵守'正统的'公式，而在于促进广泛的工人运动，促进群众的组织和主动性"②。在教育的具体过程中，列宁也提出了一些具体操作方法。比如，教育要联系实际生活不断注入新的内容，以便让理论教育永葆活力防止僵化。列宁多次引用歌德的名言"理论是灰色的，而生活之树是常青的"③，强调把理论和一般公式导入现实的世界，使其具体化。正是将马克思主义的政治经济学原理运用于对俄国经济现实的分析，列宁才科学论证了俄国资本主义发展的历史必然性和进步性，从理论上粉碎了民粹主义。

列宁在19世纪末20世纪初系统阐发"灌输论"有强烈的时代依据和现实针对性。"灌输论"产生于战争与革命的时代，列宁所面临的是一个农民占多数，资本主义不太发达的落后国家，在这种局势下，启发无产阶级的阶级意识、通过马克思主义理论教育建立牢固的工农联盟、进行无产阶级革命是"灌输论"所要解决的根本问题。列宁在无产阶级革命和社会主义建设的伟大实践中对马克思主义理论教育的探索与思考，极大地丰富了马克思主义理论教育的思想体系。列宁的"灌输论"既继承和体现了马克思主义革命性与科学性相统一的精神，又科学揭示了在资本主义不太发达的国家开展马克思主义理论教育的若干规律，是马克思主义理论教育思想史上不可逾越的丰碑。

---

① 孙来斌：《列宁的马克思主义理论教育思想研究》，北京：中国社会科学出版社，2010，第153页。
② 《列宁专题文集 论马克思主义》，北京：人民出版社，2009，第299~300页。
③ 《列宁全集》第29卷，北京：人民出版社，2017，第139页。

三 中国共产党与马克思主义理论教育方法的推进

中国共产党在长期的革命和建设实践中,通过实践创新与理论创新的良性互动推动了马克思主义的创新发展。马克思主义中国化的百年发展历程,也是马克思主义理论教育思想中国化的历史进程。以毛泽东、邓小平、江泽民、胡锦涛、习近平同志为主要代表的中国共产党人,在长期的革命、建设和改革实践中,不断开拓创新,形成了中国化的马克思主义理论教育思想。中国共产党人在坚持理论联系实际总原则的前提下,推进了马克思主义理论教育方法的创新发展。

第一,把理论教育同党和国家的中心任务紧密结合起来。毛泽东说:"我们应该学习的是布尔什维克的聪明……马克思主义的方法就是政治上军事上的望远镜和显微镜。"① 没有马克思主义的指导,共产党人就无法看清楚社会的发展方向,也就缺乏正确的政治方向指引。正确的政治方向是建立在科学认识的基础之上的,共产党人要对社会发展有所预见,就要摆脱教条主义和经验主义的束缚,在坚持马克思主义基本原理的基础上,正确认识中国革命,领导中国革命。中国共产党人坚持理论联系实际,始终围绕党和国家的中心任务开展马克思主义理论教育,这是坚持用科学理论武装群众的重要经验总结。

中国共产党在成立初期,思想宣传始终围绕着争取民族独立的抗日救亡宣传和取得长征胜利的政治宣传而展开。在新中国成立之初,封建社会的思想遗留仍对社会的经济、政治生活产生极大的影响。在这一历史时期,用社会主义思想占领人民群众的思想领地,就成为中国共产党引导人民形成共同的立场和信念的重要战略选择。中共中央在制定了过渡时期的总路线后,就将全党理论学习的主要内容转向了党在过渡时期的总路线。中共中央还颁发了《中国共产党中央委员会关于一九五三——一九五四年干部理论教育的

---

① 《毛泽东选集》第1卷,北京:人民出版社,1991,第212页。

指示》，这个指示非常详细、具体地规定了党员干部应该学习的马克思主义具体著作、重点章节，甚至包括学习时间的把握、考试的方式等。这个指示是中国共产党针对当时的中心工作所制定的马克思主义理论教育详尽计划，它在教育内容上充分体现了马克思主义理论教育的时代特点。在马克思主义理论教育问题上，中国共产党既坚持"老祖宗不能丢"[1]，又创新和发展了马克思主义理论教育的具体内容。1978年12月，邓小平在中共中央工作会议闭幕式上作了《解放思想，实事求是，团结一致向前看》的讲话，指出："全党必须再重新进行一次学习……根本的是要学习马列主义、毛泽东思想。"[2] 此后，中国共产党在理论上和实践中都始终坚持"党的理论创新每推进一步，理论武装就要跟进一步"[3]。中国共产党始终围绕党的中心任务，用马克思主义基本原理，特别是马克思主义中国化的最新理论成果，武装全党、教育人民。

第二，将理论联系实际提升到党风和思想路线的高度。中国共产党在社会主义建设实践中不断推动对党的学风问题认识的深化。毛泽东指出："学风问题是领导机关、全体干部、全体党员的思想方法问题，是我们对待马克思列宁主义的态度问题，是全党同志的工作态度问题。"[4] 在毛泽东看来，学风问题本质上是党风问题、是党性问题。在对待马克思主义问题上所出现的各种错误，从根本上来说都是违背了"理论和实际相统一"的马克思主义基本原理。在社会主义建设新时期，邓小平甚至认为学风问题也是思想路线问题。江泽民则进一步指出："能不能坚持理论联系实际的马克思主义学风，是理论上和政治上是否成熟的一个重要标志。"[5] 江泽民用"一个中心，三个着眼于"[6] 对马克思主义学风进行了新的概括。"一个中心"就是"以

---

[1] 《十七大以来重要文献选编》（上），北京：中央文献出版社，2009，第251页。
[2] 《邓小平文选》第2卷，北京：人民出版社，1994，第153页。
[3] 《胡锦涛文选》第2卷，北京：人民出版社，2016，第496页。
[4] 《毛泽东选集》第3卷，北京：人民出版社，1991，第813页。
[5] 《十五大以来重要文献选编》（上），北京：人民出版社，2000，第432页。
[6] 《十五大以来重要文献选编》（上），北京：人民出版社，2000，第495页。

我们正在做的事情为中心"①,"三个着眼于"就是"着眼于马克思主义理论的运用,着眼于对实际问题的理论思考,着眼于新的实践和新的发展"②。胡锦涛强调,在新的历史条件下,我们要"发扬理论联系实际的学风"③,"善于把人民群众的实践经验升华为理论"④。习近平总书记指出:"我们党的历史反复证明,什么时候理论联系实际坚持得好,党和人民事业就能够不断取得胜利;反之,党和人民事业就会受到损失,甚至出现严重曲折。"⑤

第三,在理论联系实际中开创了一系列理论教育的具体形式和方法。在学校教育、党内集中教育、青年知识分子教育、广大人民群众教育等马克思主义理论教育实践中,开创了一系列马克思主义理论教育的具体形式和方法,丰富和推动了马克思主义理论教育方法。学校教育是中国共产党非常重视的马克思主义理论教育方式和途径。在建党初期,中国共产党把在军队中办学当作重要工作来抓。组建工农红军后,审视着由大量农民和手工业者组成的红军队伍,毛泽东等党的领导人意识到培养高素质红军指挥员的重要性,在工农红军中创建了红军大学。第五次反"围剿"失败后,工农红军实施战略转移,红军大学也在随军中继续流动办学。"红军学校始终狠抓和落实马克思主义理论教育,开设了中国革命史、中共党史、马列主义理论知识和军队政治工作等课程,着重讲解红军的性质、任务和宗旨,并向干部和学员宣传党中央北上的正确性以及红军团结的重要性。"⑥ 延安时期,以中共中央所在地延安为中心,中国共产党在抗日根据地创办了包括抗日军政大学、陕北公学和鲁迅艺术学院在内的主要干部高等院校12所。这一时期,高等干部教育的种类和规模一度达到中国共产党历史上的最高值。在解放战

---

① 《十五大以来重要文献选编》(上),北京:人民出版社,2000,第495页。
② 《十五大以来重要文献选编》(上),北京:人民出版社,2000,第495页。
③ 《胡锦涛文选》第1卷,北京:人民出版社,2016,第388页。
④ 《十六大以来重要文献选编》(中),北京:中央文献出版社,2006,第283页。
⑤ 习近平:《立志做党光荣传统和优良作风的忠实传人 在新时代新征程中奋勇争先建功立业》,《人民日报》2021年3月2日。
⑥ 张小秋:《红军长征中党的马克思主义理论教育》,《马克思主义理论学科研究》2017年第5期。

争后期，如何推动马克思列宁主义进入大学是中国共产党接管和改造旧大学面临的主要问题。1950 年初，清华大学开设了政治课。此后，在学校教育体系中，马克思主义理论教育一直备受重视，高校始终是马克思主义理论教育的重要阵地。中国特色社会主义进入新时代，以习近平同志为核心的党中央高度重视学校思想政治理论课建设和马克思主义理论教育。习近平总书记在全国高校思想政治工作会议、全国教育大会、学校思想政治理论课教师座谈会上发表了系列重要讲话，开辟了马克思主义理论教育的新境界。

整风运动开创了马克思主义理论的集中教育形式。整风运动不同于一般经常性的学校教育形式，它是在全党范围内开展的、有明确计划和清晰步骤的马克思主义理论集中教育实践。1942 年，毛泽东亲自领导的这场以反对主观主义、宗派主义、党八股以树立马克思主义作风为主要内容的整风运动，目的是反对主观主义以整顿学风。要克服主观主义，必须发扬理论联系实际的马克思主义的学风，一切从实际出发，实事求是。在活动中，毛泽东提出了"惩前毖后、治病救人"[①] 的基本教育方针，后来这一方针又被具体化为"团结—批评—团结"的方法。实践证明，这一系列方针和具体方法的实施，是正确处理和解决党内矛盾的范例，通过整风运动，实现了在以毛泽东同志为核心的党中央领导下全党新的团结和统一。改革开放以来的数次马克思主义集中教育活动丰富和发展了党的建设理论，形成了一套符合时代特点和自身特质的党内集中教育的有效方法。在集中教育实践的基础上中国共产党找到了一条不搞政治运动，通过正面教育来解决党内存在的突出问题的新道路。[②] 中国特色社会主义进入新时代，中国共产党开展了党的群众路线教育实践活动、"三严三实"专题教育、"两学一做"学习教育、"不忘初心、牢记使命"主题教育、党史学习教育等系列党内集中性教育实践，马克思主义理论教育成效显著。

借助青年知识分子的力量开展马克思主义理论教育，是延安时期的另一

---

① 《建党以来重要文献选编（1921~1949）》第 21 册，北京：中央文献出版社，2011，第 409 页。
② 欧阳淞：《三次党内集中学习教育活动的回顾与思考》，《中国社会科学》2011 年第 4 期。

个创举。抗日统一战线形成后，一大批青年知识分子被分配到陕甘宁边区工作。这些来自大城市的青年知识分子有知识、有文化，他们积极加入边区各部门组织的工作组织，如农村工作团、文化工作团和实习团等，他们学习工农、歌颂工农。在工作过程中，青年知识分子的思想情感和他们创作的文艺作品的思想境界都产生了巨大的改变。对此，毛泽东认为，工人阶级应该欢迎和发动革命的知识分子从事理论教育，并充分发挥革命知识分子的骨干作用。毛泽东赞扬道："延安的青年们不但本身团结，而且和工农群众相结合，这一点更加是全国的模范。延安的青年们干了些什么呢？他们在学习革命的理论，研究抗日救国的道理和方法。"① 后来毛泽东又指出，知识分子必须有一个先受教育的任务，知识分子如果不把自己头脑里不恰当的东西去掉，就不能担负起教育别人的任务。

为了开辟马克思主义理论教育的更多渠道，中国共产党运用多种载体对广大群众进行马克思主义教育。在建党初期，中国共产党宣传马克思主义的载体主要包括新闻媒体、宣传队和党的政策文件等。长征途中最主要的新闻媒体就是报刊，有代表性的理论宣传报刊有《红星报》《战士报》《前进》《红炉》《战斗报》《不胜不休》等。在中国共产党的马克思主义理论教育史上，运用党报党刊进行马克思主义理论教育的标志性事件就是"关于真理标准问题的大讨论"。1978年，《人民日报》发表了评论员文章《实践是检验真理的唯一标准》，由此引发全国上下对这一马克思主义哲学基本问题的广泛讨论。不可忽视的是，在引发普通民众对马克思主义基本原理的广泛关注方面，党报党刊等新闻媒体发挥了至关重要的作用。党的十八大以来，为了加强理论研究和宣传工作，中宣部于2015年开始推进马克思主义理论研究和建设工程、中国特色社会主义理论体系研究中心、马克思主义学院、报刊网络理论宣传阵地"四大平台"建设，为新时代马克思主义理论教育提供了更多更好的平台与载体。

第四，以体制机制创新推动马克思主义理论教育走深走实。中国共产党

---

① 《毛泽东选集》第2卷，北京：人民出版社，1991，第568页。

非常注重以系统的马克思主义理论教育组织和机制确保教育的顺利开展。在建党初期，红军队伍中形成了"由中央党政机关、连队党支部、列宁青年组、十人团、地方工作组、政治战士、青年队等各级组织构成的马克思主义理论教育组织系统，他们像一张网似的在全军铺开，马克思主义理论教育能够从中央到基层得以全方位、无死角地开展"[1]。在长期的具体实践中，中国共产党又不断创立、发展和完善马克思主义理论的教育机制。自1923年起，各种形式和规模的党校开始在全国各地开办。1934年10月，中共中央党校在延安正式成立，1938年5月又创建了延安马列学院。这些专门教育机构的设立为党员干部的马克思主义理论教育提供了组织保障，使当时的干部教育工作得到了极大的发展。新中国成立后，在全面学习苏联的形势下，党和政府初步建立了有系统、有计划的高校马列主义教学研究体制。毛泽东还特别指出："建议各地党委宣传（文教）部和高等学校、中等学校党组织，加强对政治理论课的领导，着重抓方向、抓教学、抓队伍。"[2]"文化大革命"以后，随着全国思想理论战线拨乱反正的进行，马克思主义理论教育也迅速走上健康发展的轨道。1978年6月，教育部在武汉召开了有31所高等学校参加的马列主义理论课教师座谈会，着重讨论高校马克思主义理论课的教材建设问题。在有关专家的指导下，教育部组织了一批有教学经验的教师，编写出版了哲学、政治经济学、中共党史、国际共运等4门马列主义理论课的统一教材，于1979年提供给各高校开学使用。改革开放以来，各级党校、社会主义学院和行政学院的创建、恢复和发展，成为中国共产党培养各级领导干部和理论工作者最重要的教育基地。与此同时，各级大、中、小学校也通过不断地改革和创新，构建起了学校马克思主义理论教育机制的新格局。总体来看，全国上下通过多条战线形成了脱产学习、短期培训和平时坚持相结合的马克思主义理论教育制度和体系，全方位、多层次、立体化、规范化的马克思主义理论教育格局日渐形成。党的十八大以来，以习近平同

---

[1] 张小秋：《红军长征中党的马克思主义理论教育》，《马克思主义理论学科研究》2017年第5期。
[2] 《建国以来重要文献选编》第19册，北京：中央文献出版社，1998，第223页。

志为核心的党中央站在坚持和完善中国特色社会主义制度、推进国家治理体系和治理能力现代化的高度，创造性地提出"建立不忘初心、牢记使命的制度"①"坚持马克思主义在意识形态领域指导地位的根本制度"②"健全用党的创新理论武装全党、教育人民工作体系"③等，以体制机制创新推动马克思主义理论教育不断走深走实。

---

① 《习近平谈治国理政》第3卷，北京：外文出版社，2020，第546页。
② 《十九大以来重要文献选编》（中），北京：中央文献出版社，2021，第649页。
③ 《十九大以来重要文献选编》（中），北京：中央文献出版社，2021，第283页。

第二章
新时代马克思主义理论教育方法创新的使命任务

在中华民族伟大复兴战略全局与世界百年未有之大变局相互交织的时代背景下,马克思主义理论教育所肩负的历史使命和任务要求也在发生变化。在新的历史起点上,马克思主义理论教育的使命任务就是要不断创新教育方法、提升教育实效,充分发挥马克思主义理论教育的立德树人、思想引领、舆论推动、精神激励和文化支撑等重要作用,不断"巩固马克思主义在意识形态领域的指导地位,巩固全党全国各族人民团结奋斗的共同思想基础"①。

一 新使命:实现中华民族伟大复兴

梦想是时代发展的产物。2012年11月29日,习近平总书记在国家博物馆参观《复兴之路》展览时指出:"现在,大家都在讨论中国梦,我以为,实现中华民族伟大复兴,就是中华民族近代以来最伟大的梦想。"②"中国梦"的提出既体现了中国共产党人对中国社会发展时代要求的深刻把握,

---

① 《十八大以来重要文献选编》(上),北京:中央文献出版社,2014,第533页。
② 《习近平谈治国理政》,北京:外文出版社,2014,第36页。

又与当今中国发展的历史趋势相契合。把握历史机遇实现中华民族伟大复兴的中国梦，需要和平、友善的国际和国内环境，需要坚定不移地坚持以马克思主义为行动指南，需要一代又一代有志青年接续奋斗。在实现中华民族伟大复兴的关键时期，创新马克思主义理论教育方法，提升马克思主义理论教育实效，对"巩固马克思主义在意识形态领域的指导地位，巩固全党全国人民团结奋斗的共同思想基础"具有重要意义。

1. 为中华民族伟大复兴培养担当大任的时代新人

"培养什么人，是教育的首要问题。"① 习近平总书记强调，办好中国特色社会主义教育就是要把立德树人作为根本任务，"努力培养担当民族复兴大任的时代新人"②，"教育就是要培养中国特色社会主义事业的建设者和接班人，而不是旁观者和反对派"③。办好思政课，开展马克思主义理论教育，"最根本的是要全面贯彻党的教育方针，解决好培养什么人、怎样培养人、为谁培养人这个根本问题"④。

培养"中国特色社会主义事业的建设者和接班人"⑤，培养"担当民族复兴大任的时代新人"⑥，不可能一帆风顺，会面临诸多困难与挑战，需要付出更加艰苦的努力才能完成任务。长期以来，各种敌对势力一直坚持对我国实施西化、分化战略，"他们下功夫最大的一个领域就是争夺我们的青少年"⑦。对此，毛泽东明确指出："帝国主义说，对我们的第一代、第二代没有希望，第三代、第四代怎么样，有希望。帝国主义的话讲得灵不灵？我不希望它灵，但也可能灵。"⑧ 对于青少年的争夺和培养是长期的、艰巨的重要任务和使命。在当前形势下，办好思政课，开展马克思主义理论教育，

---

① 《十九大以来重要文献选编》（上），北京：中央文献出版社，2019，第647页。
② 《习近平谈治国理政》第3卷，北京：外文出版社，2020，第328页。
③ 《习近平会见清华大学经济管理学院顾问委员会海外委员和中方企业家委员》，https：//www.ccdi.gov.cn/special/yybbxbg/zyjh_yybbxbg/201711/t20171106_160646.html。
④ 《习近平谈治国理政》第3卷，北京：外文出版社，2020，第328页
⑤ 《十六大以来重要文献选编》（中），北京：中央文献出版社，2006，第637页。
⑥ 《习近平谈治国理政》第3卷，北京：外文出版社，2020，第312页。
⑦ 《十九大以来重要文献选编》（上），北京：中央文献出版社，2019，第648页。
⑧ 《十九大以来重要文献选编》（上），北京：中央文献出版社，2019，第648页。

"要放在世界百年未有之大变局、党和国家事业发展全局中来看待，要从坚持和发展中国特色社会主义、建设社会主义现代化强国、实现中华民族伟大复兴的高度来对待"①。在实现中华民族伟大复兴的关键时期，我们必须把下一代教育好、培养好，要坚持把立德树人作为教育的根本任务，"要坚持不懈传播马克思主义科学理论，抓好马克思主义理论教育，为学生一生成长奠定科学的思想基础"②。

"思想政治理论课是落实立德树人根本任务的关键课程。"③办好思政课就是要开展马克思主义理论教育，就是要用习近平新时代中国特色社会主义思想铸魂育人，引导学生进一步坚定"四个自信"。党的十八大以来，我国思政课建设成效显著，教学方法不断创新，案例式教学、探究式教学、体验式教学、互动式教学、专题式教学、分众式教学等被广泛使用，取得了良好的教学效果。"调查显示，99.4%的学生认为'中国共产党具有无比坚强的领导力，是中国人民最可靠的主心骨'，广大学生的爱党爱国爱社会主义思想基础更加巩固，听党话跟党走的决心更加坚定，制度自信进一步增强。"④但是，思政课建设中还存在一些亟待解决的问题，课堂教学效果还需要进一步提升。从教学对象来看，思政课的教学对象是青少年，而青少年是最活跃的群体，如何让不同性格禀赋、不同兴趣爱好、不同素质潜力的学生能够真正接受教学内容？从思政课教学的环境来看，思政课的教学环境正在不断变化，学生的学习方式也在不断变化，如何实现人人皆学、处处能学、时时可学？要解决这些问题，思政课必须向改革创新要活力，只有不断创新"打开方式"，马克思主义理论才能真正入脑入心，立德树人的目标才能真正实现。

2. 为中华民族伟大复兴凝聚更为主动的精神力量

习近平总书记指出："一个民族的复兴需要强大的物质力量，也需要强

---

① 习近平：《思政课是落实立德树人根本任务的关键课程》，北京：人民出版社，2020，第5页。
② 《习近平谈治国理政》第2卷，北京：外文出版社，2017，第377页。
③ 《习近平谈治国理政》第3卷，北京：外文出版社，2020，第329页。
④ 叶雨婷：《这五年，高校思政工作已发生格局性变化》，《中国青年报》2021年12月13日。

大的精神力量。"①"马克思主义是我们立党立国的根本指导思想，是我们党的灵魂和旗帜"②，是引领中华民族伟大复兴的强大精神力量。在中国共产党领导全国各族人民探索中华民族伟大复兴的道路上，我们始终坚持以马克思主义为指导，不断推进马克思主义中国化时代化大众化，为中华民族伟大复兴凝聚更为主动的精神力量。

1840年爆发的鸦片战争，打开了中国的大门，侵略者纷至沓来，中国进入半殖民地半封建社会，国家蒙辱、人民蒙难、文明蒙尘。无数仁人志士、政治团体都曾努力探寻国家富强、民族复兴的道路。但是，各种政治主张、救国方案，绝大多数都是昙花一现，均以失败而告终。"十月革命一声炮响，给中国送来了马克思列宁主义。"③ 中国共产党应运而生，中国产生了共产党，这是开天辟地的大事变，深刻改变了近代以后中华民族发展的方向和进程。中国共产党一经诞生，就把为中国人民谋幸福、为中华民族谋复兴确立为自己的初心使命。"从此，中国人民谋求民族独立、人民解放和国家富强、人民幸福的斗争就有了主心骨，中国人民就从精神上由被动转为主动。"④ 中国共产党诞生之前，各种方案失败的重要原因就在于缺少科学的理论指导。中国共产党之所以能够团结带领全国各族人民走出漫漫长夜、迎来中华民族伟大复兴的光明前景，关键在于坚持用马克思主义这一科学理论照亮道路、指引前行。"中国共产党为什么能，中国特色社会主义为什么好，归根到底是马克思主义行，是中国化时代化的马克思主义行。"⑤ 马克思主义为中国人民精神主动提供了理论动力。

党的十八大以来，以习近平同志为核心的党中央统筹把握中华民族伟大复兴战略全局和世界百年未有之大变局，以伟大的历史主动精神，推动党和

---

① 《习近平关于社会主义文化建设论述摘编》，北京：中央文献出版社，2017，第7页。
② 习近平：《在庆祝中国共产党成立100周年大会上的讲话》，北京：人民出版社，2021，第12页。
③ 《习近平谈治国理政》第3卷，北京：外文出版社，2020，第10页。
④ 《习近平谈治国理政》第3卷，北京：外文出版社，2020，第10~11页。
⑤ 《高举中国特色社会主义伟大旗帜　为全面建设社会主义现代化国家而奋斗》，北京：人民出版社，2022，第16页。

国家事业取得历史性成就、发生历史性变革。在经济建设上,"我国经济实力、科技实力、综合国力和人民生活水平跃上了新的大台阶,成为世界第二大经济体、第一大工业国、第一大货物贸易国、第一大外汇储备国,国内生产总值超过一百万亿元,人均国内生产总值超过一万美元"①。在政治建设上,"社会主义民主政治制度化、规范化、程序化全面推进,中国特色社会主义政治制度优越性得到更好发挥"②;在文化建设上,"全党全国各族人民文化自信明显增强,全社会凝聚力和向心力极大提升"③;在社会建设上,"人民生活全方位改善……续写了社会长期稳定奇迹"④;在生态文明建设上,"美丽中国建设迈出重大步伐,我国生态环境保护发生历史性、转折性、全局性变化"⑤,"实现中华民族伟大复兴进入了不可逆转的历史进程"⑥。但是,行百里者半九十,中华民族伟大复兴不是轻轻松松就可以实现的,在前进的道路上,我们必将面临众多的风险与挑战。我们要战胜各种风险挑战,必须坚持以马克思主义为指导,必须坚持用马克思主义科学理论武装全党,必须坚持用马克思主义凝聚力量、汇聚人心。

在新时代,坚持以马克思主义为指导,就是要坚持以习近平新时代中国特色社会主义思想为指导。在新征程上,开展马克思主义理论教育就是要坚持以习近平新时代中国特色社会主义思想武装头脑、指导实践、推动工作。推动习近平新时代中国特色社会主义思想入脑入心,要区分教育对象,确立重点内容,在分众化、对象化上下功夫,以人民群众听得进、学得懂、记得

---

① 习近平:《论把握新发展阶段、贯彻新发展理念、构建新发展格局》,北京:中央文献出版社,2021,第 472 页。
② 《中共中央关于党的百年奋斗重大成就和历史经验的决议》,北京:人民出版社,2021,第 41 页。
③ 《中共中央关于党的百年奋斗重大成就和历史经验的决议》,北京:人民出版社,2021,第 46 页。
④ 《中共中央关于党的百年奋斗重大成就和历史经验的决议》,北京:人民出版社,2021,第 50 页。
⑤ 《中共中央关于党的百年奋斗重大成就和历史经验的决议》,北京:人民出版社,2021,第 52 页。
⑥ 习近平:《在庆祝中国共产党成立 100 周年大会上的讲话》,北京:人民出版社,2021,第 7 页。

住的方式方法，将线下宣讲与线上阐释有机结合，持续推动党的创新理论"飞入寻常百姓家"，引导广大人民群众在学懂弄通做实中不断坚定"四个自信"、忠诚拥护"两个确立"、坚决做到"两个维护"。在实现中华民族伟大复兴中国梦的新征程上，我们必须不断创新马克思主义理论教育方式方法，坚持理论学习与实践创新相结合，坚持用党的创新理论武装头脑，以科学的理论为指导，汇聚"拧成一股绳"① 合力干的磅礴力量，为实现中华民族伟大复兴凝聚更为主动的精神力量。

3.为中华民族伟大复兴创造更加良好的国际环境

当前，我国正处于实现中华民族伟大复兴的关键时期，国际国内各种问题与挑战更加复杂。应对日趋复杂的国内外环境，我们要不断创新马克思主义理论教育方法，提升马克思主义理论教育实效。一方面，我们要坚持用中国化的马克思主义理论成果统一思想、凝聚人心、凝聚力量，把每个中国人的力量汇聚"拧成一股绳"合力干的磅礴伟力，用习近平新时代中国特色社会主义思想武装头脑，为实现中华民族伟大复兴凝聚更为主动的精神力量；另一方面，我们要不断加强中国化马克思主义的国际传播，主动向世界"讲好中国故事、传播好中国声音"②，为中国的和平发展创造更加有利的国际环境。

"讲好中国故事，传播好中国声音"是关乎"中国梦"顺利实现的战略性问题。随着中国改革开放以来的持续高速发展，西方媒体开始鼓吹"中国威胁论"。尽管中国一直都在对外强调"和平、发展、合作"的理念，但"中国威胁论"仍不时以各种方式被提起。总体而言，"中国威胁论"的鼓吹者对中国的发展持不欢迎甚至抵制态度，这种态度的产生更多的是基于价值观与意识形态好恶的主观判断。中国的崛起要抓住和用好战略机遇期，就必须让外部世界真正"读懂中国"。习近平总书记在"8·19"讲话中强调"要精心做好对外宣传工作，创新对外宣传方式"③，就是要让世界了解一个

---

① 《十九大以来重要文献选编》（中），北京：中央文献出版社，2021，第132页。
② 《习近平谈治国理政》，北京：外文出版社，2014，第156页。
③ 《习近平谈治国理政》，北京：外文出版社，2014，第156页。

全面的、立体的中国，让世界人民获得中国发展的清晰图景。"讲好中国故事"是事关中国和平、发展、共赢的战略性问题，也是实现中华民族伟大复兴的历史任务。加强马克思主义理论的国际传播，讲好中国故事，讲好"中国主张、中国智慧、中国方案"，要坚持理念为重、技术为要，要坚持话语创新，不断提升国际传播能力。

第一，坚持理念为重，深刻阐释构建人类命运共同体的中国方案、中国智慧。讲故事就是讲道理，故事的背后是思想、理念、道理。"不要为了讲故事而讲故事，要把'道'贯通于故事之中。"① 讲好中国故事必须要阐释好中国故事所蕴含的价值理念，推动"和平发展、合作共赢"② 的中国理念为更多的人了解、接受、认同，推动中国理念成为全球共识，从而转化为世界行动。当今世界正处于百年未有之大变局，和平发展的大势没有改变，但世界面临的不稳定性不确定性非常突出。面对"世界怎么了、我们怎么办？"的时代之问，习近平总书记提出了构建人类命运共同体、助推世界"和平发展、合作共赢"的中国方案。"弘扬全人类共同价值，推动构建人类命运共同体"③ 是破解人类发展难题、探索全球治理体系变革的中国方案，是中国引领时代潮流和人类文明进步方向的重大理念。阐释好推动构建人类命运共同体的中国方案，传播好中国声音，展形象、聚人心，消除国际社会的疑虑误解，是向世界讲好中国故事的重中之重。

第二，坚持技术为要，充分发挥新媒体讲好中国故事的技术优势。讲故事就是讲情感。讲好中国故事，要把"说理"与"陈情"结合起来，创新传播方式、传播渠道与传播途径，争取价值和情感的共鸣共振。新媒体是时代发展的潮流，已经成为一种新的传播媒介，成为人们获取信息、情感交流的重要手段。讲好中国故事，必须抓住新媒体这个"风口"，充分发挥新媒体在讲好中国故事中的技术优势，全面提升国际传播效能。新媒体的运用既

---

① 《习近平关于总体国家安全观论述摘编》，北京：中央文献出版社，2018，第122页。
② 《习近平谈治国理政》，北京：外文出版社，2014，第257页。
③ 习近平：《坚定信心 勇毅前行 共创后疫情时代美好世界——在2022年世界经济论坛视频会议的演讲（2022年1月17日）》，北京：人民出版社，2022，第8页。

要发挥好官方主流新媒体的重要作用,也要发挥好民间新媒体在交流传播中的重要作用。官方主流新媒体具有权威性,可信度高,在国际传播中具有不可替代的重要作用。在新媒体传播不断发展的时代背景下,不同层级、类型的官方主流媒体要协同联动、勇于创新,共同打造具有国际影响力的媒体集群,增强国际舆论引导力。官方主流新媒体要避免"新瓶装旧酒",要以多样化的呈现方式、以海内外民众喜爱的传播模式,讲好坚持"和平发展、合作共赢"的中国故事。民间交流要利用新媒体深入开展各种形式的人文交流活动,为世界提供认知中国的多种角度,把新媒体技术优势转化为新媒体传播优势。民间交流还要充分发挥在华留学生资源优势、广大海外华侨华人的力量优势,不断扩大知华友华的国际舆论朋友圈;也可以通过创办各种论坛邀请各国青年代表通过"线上+线下"方式,共同探讨如何创新和发展。

第三,坚持话语创新,着力提升对外传播的国际影响力,形成融通中外的马克思主义对外话语体系。"对外话语体系是中国向外部世界阐述中国特色社会主义的思想理论体系,以及用中国思维阐述外部世界的知识体系的总和。"① 在国际社会中,对外话语体系是一个国家软实力的体现,展现一个国家的发展道路、综合实力、国家形象。从我国展现的国家形象来看,改革开放取得的巨大成就让国际社会逐渐热议"中国模式""中国现象"。在这个历史机遇期,如果能用融通中外的马克思主义话语向世界讲清楚中国实践、中国道路,就能顺势而为地宣传好社会主义制度的优越性,论证好马克思主义的科学性。在全国宣传思想工作会议上,习近平总书记提出:"着力打造融通中外的新概念新范畴新表述……增强在国际上的话语权。"② 融通中外的对外话语体系建设要坚持以当代马克思主义为指导,坚持用中国的理论学术研究和话语体系解读中国实践、中国道路。在话语体系的建构中,我们既要利用好中国文化资源,又要对接世界文明宝库,既要体现中国特色,又要走入听者心里。我们在对外话语体系构建中要形成适合描述中国道路、

---

① 王永贵、刘泰来:《打造中国特色的对外话语体系——学习习近平关于构建中国特色对外话语体系的重要论述》,《马克思主义研究》2015年第11期。
② 《习近平关于社会主义文化建设论述摘编》,北京:中央文献出版社,2017,第198页。

体现中国力量、反映中国价值、表达中国精神的中国话语和话语体系；提炼出打动他者心扉的人间生活话语；提出具有原创性和时代特征的话语议题；凝练出让世界能够理解并且具有世界历史意义的话语及其话语体系。① 在话语体系的建构中，我们要发挥文字类话语的作用，但符号类话语的作用也不容忽视。在国家形象话语体系的建构中，符号媒介充当了"急先锋"的角色，发挥了重要作用。我们要广泛运用符合中国形象战略传播目标的中国符号媒介，并采取整合传播策略，不断提升中国国家形象话语能力。② 总之，形成融通中外的马克思主义对外话语体系，是马克思主义中国化理论创新的重要内容，有利于为中华民族伟大复兴创造更加良好的国际环境。

二 新要求：推进中国共产党自我革命

习近平总书记指出："勇于自我革命，是我们党最鲜明的品格，也是我们党最大的优势。"③ "勇于自我革命是中国共产党区别于其他政党的显著标志。"④ 勇于自我革命是中国共产党永葆生机活力的动力源泉，也是中国共产党百年奋斗积累的宝贵经验。回顾党的百年奋斗历程，中国共产党之所以能够带领中国人民在革命、建设、改革的伟大实践中，不断从胜利走向胜利，一个重要原因就是中国共产党勇于自我革命。在全面建设社会主义现代化国家的新征程中，"坚决清除一切损害党的先进性和纯洁性的因素，清除一切侵蚀党的健康肌体的病毒，确保党不变质、不变色、不变味，确保党在新时代坚持和发展中国特色社会主义的历史进程中始终成为坚强领导核心"⑤，不断推进党的自我革命，必须坚持思想建党、理论强党。注重思想

---

① 韩震：《对外文化传播中的话语创新》，《中国特色社会主义研究》2016年第1期。
② 蒙象飞：《中国国家形象话语体系建构中的符号媒介考量》，《云南社会科学》2017年第5期。
③ 《十八大以来重要文献选编》（下），北京：中央文献出版社，2018，第589页。
④ 习近平：《在庆祝中国共产党成立100周年大会上的讲话》，北京：人民出版社，2021，第19页。
⑤ 习近平：《在庆祝中国共产党成立100周年大会上的讲话》，北京：人民出版社，2021，第19~20页。

建党、理论强党是中国共产党能够永葆先进性和纯洁性的关键所在。"理论创新每前进一步,理论武装就要跟进一步。"① 我们要通过理论武装实现自我革命,凝聚全党同志为共同理想不懈奋斗,注重思想建党、理论强党,不断推进自我革命。这对马克思主义理论教育方法创新提出了新要求。

1. 加强党的思想建设对马克思主义理论教育方法创新提出了新要求

坚持用马克思主义科学理论武装全党,是思想建党的根本内容和首要任务。习近平总书记指出:"回顾党的奋斗历程可以发现,中国共产党之所以能够历经艰难困苦而不断发展壮大,很重要的一个原因就是我们党始终重视思想建党、理论强党,使全党始终保持统一的思想、坚定的意志、协调的行动、强大的战斗力。"② 而思想建党最根本的在于用马克思主义理论武装全党。

针对来自不同群体的9600多万名党员开展马克思主义理论教育,方法创新显得尤为重要。中央组织部党内统计数据显示,截至2021年底,中国共产党党员总数为9671.2万名。其中,大专及以上学历党员5146.1万名,占53.2%;工人和农民仍是党员队伍的主体,占总数的33.6%。从数量上来看,党员总数已经超过9600万,比党的十八大召开时增加了15.9%。从学历、性别、民族等结构来看,与2012年底相比,大专及以上学历、女性、少数民族党员占比分别提高13.2、5.6、0.7个百分点。③ 作为一个拥有9600多万党员的大党,中国共产党要坚持全面从严治党,加强思想建党、理论强党,推进党的自我革命极为重要,也极不容易。在思想多元化、利益主体多样化的社会环境下,影响党的先进性、弱化党的纯洁性的因素也是多样的。站在新的历史起点上,中国共产党坚持自我革命,必须不断创新马克思主义理论教育方式,紧紧抓住思想建设这个"关键一环"。在党的十八届四中全会第二次全体会议上,习近平总书记把党内存在的极其严重的问题概括为"七个有之":"一些人无视党的政治纪律和政治规矩,为了自己的所

---

① 《习近平谈治国理政》第3卷,北京:外文出版社,2020,第540页。
② 《习近平谈治国理政》第3卷,北京:外文出版社,2020,第74页。
③ 《中国共产党党员总数9671.2万名》,《中国教育报》2022年6月30日。

谓仕途，为了自己的所谓影响力，搞任人唯亲、排斥异己的有之，搞团团伙伙、拉帮结派的有之，搞匿名诬告、制造谣言的有之，搞收买人心、拉动选票的有之，搞封官许愿、弹冠相庆的有之，搞自行其是、阳奉阴违的有之，搞尾大不掉、妄议中央的也有之，如此等等。"① 基于以上认识，习近平总书记指出："坚持党要管党、从严治党，是党的建设的一贯要求和根本。"② 全面从严治党就是要抓住党内存在的突出问题，关键在严，要害在治。习近平总书记多次强调把思想建党摆在党的建设的重要位置，要把理想信念教育作为思想建设的战略任务。这是因为，只有让广大党员和干部的世界观、人生观、价值观得到净化，才能夯实党的思想道德基础，才能维护风清气正的党内政治生态和党的光辉形象。全面从严治党首先是思想从严，坚持用马克思主义中国化的最新理论成果武装党员头脑，加强思想建党是保持党的先进性、纯洁性的重要保障。

党的十八大以来，以习近平同志为核心的党中央部署推进党的群众路线教育实践活动、"三严三实"专题教育、"两学一做"学习教育、"不忘初心、牢记使命"主题教育、党史学习教育等系列马克思主义理论教育实践活动，不断创新马克思主义理论教育方式方法，广大党员干部普遍受到深刻的马克思主义理论教育，有力地推进了思想建党、理论强党。

2. 加强干部队伍建设对马克思主义理论教育方法创新提出了新要求

马克思主义是共产党人的"真经"。党的十八大以来，以习近平同志为核心的党中央高度重视马克思主义理论的学习和运用，对党员干部的马克思主义理论教育提出了新要求。党中央要求领导干部，特别是高级干部要系统掌握马克思主义基本理论，"要原原本本学习和研读经典著作，努力把马克思主义立场、观点、方法学到手，作为自己的看家本领"③。"新干部、年轻干部尤其要抓好理论学习，通过坚持不懈学习，学会运用马克思主义立场、

---

① 《十八大以来重要文献选编》（下），北京：中央文献出版社，2018，第456页。
② 习近平：《在第十八届中央纪律检查委员会第六次全体会议上的讲话》，北京：人民出版社，2016，第15页。
③ 习近平：《在全国党校工作会议上的讲话》，北京：人民出版社，2016，第15页。

观点、方法观察和解决问题，坚定理想信念。"①

中国特色社会主义进入新时代，中国共产党面临的"四大考验""四种危险"更加复杂严峻，肩负的任务也更加艰巨。习近平总书记指出："全党必须讲政治，把政治纪律摆在首位。"② 政治建设作为党的纲领性、根本性建设，决定党的建设方向和效果。"把政治纪律摆在首位"，要求"党中央作出的决策部署，所有党组织都要不折不扣贯彻落实。任何时候任何情况下，党的领导干部在政治上都要站得稳、靠得住，对党忠诚老实、与党中央同心同德，严守政治纪律和政治规矩，不断增强政治定力、纪律定力、道德定力、抵腐定力，把'四个意识'转化成听党指挥、为党尽责的实际行动"③。习近平总书记指出："政治上的坚定、党性上的坚定都离不开理论上的坚定。干部要成长起来，必须加强马克思主义理论武装。"④ 马克思主义是认识世界、改造世界的科学真理，也是共产党人坚定理想信念的思想武器、坚守精神家园的理论基础。"掌握马克思主义理论的深度，决定着政治敏感的程度、思维视野的广度、思想境界的高度。"⑤

从现实来看，一些领导干部由于缺少马克思主义理论修养，经受不住"四大考验"，成为腐败分子，从根本上来说就是政治上出了问题。在新的时代背景下，加强党的干部队伍建设，提升领导干部应对"四大考验"和各种风险挑战的能力，不断提升其政治判断力、政治领悟力、政治执行力，必须加强马克思主义理论教育，创新马克思主义理论教育方式方法。马克思主义理论教育必须与时俱进、守正创新。一方面，党员干部要坚持学习研究马克思主义经典著作；另一方面，党员干部必须把马克思主义中国化最新成果作为马克思主义理论教育的中心内容，尤其是把学习习近平新时代中国特色社会主义思想摆在最突出位置，提高战略思维能力、辩证思维能力、综合

---

① 《习近平谈治国理政》，北京：外文出版社，2014，第154页。
② 《习近平关于全面从严治党论述摘编》，北京：中央文献出版社，2016，第87页。
③ 《习近平谈治国理政》第3卷，北京：外文出版社，2020，第505页。
④ 《习近平谈治国理政》第3卷，北京：外文出版社，2020，第518页。
⑤ 《习近平关于全面从严治党论述摘编》，北京：中央文献出版社，2016，第67~68页。

决策能力、驾驭全局能力。中国共产党要坚持理论联系实际，使干中学与脱产学相结合，既要坚持经常性学习，在干中学、在学中干，又要利用合适的机会集中一段时间到党校、干校、行政学院等脱产学习；要"把个人自学与集中学习结合起来"[①]；既要积极参加多种形式的集体学习，又要挤时间进行自学，"把学习作为一种追求、一种爱好、一种健康的生活方式，做到好学乐学"[②]。

三　新任务：筑牢互联网时代意识形态阵地

互联网的快速发展和普及，给党的意识形态工作带来了新的机遇与挑战。一方面，互联网技术的应用为意识形态工作提供了新技术、新手段、新空间；另一方面，互联网空间中意识形态内容的生产、传播、监管等给意识形态安全带来了新的风险和挑战。互联网舆论工作已经成为党的意识形态工作和宣传思想工作的重要内容。如何应对互联网时代教育环境、教育对象、教育方式等一系列变化带来的新挑战，不断巩固马克思主义在意识形态领域的指导地位，巩固全党全国各族人民团结奋斗的共同思想基础，是互联网时代赋予马克思主义理论教育的重要责任和任务。

2015年12月，习近平总书记在全国党校工作会议上的讲话中指出："思想舆论领域大致有红色、黑色、灰色'三个地带'。红色地带是我们的主阵地，一定要守住；黑色地带主要是负面的东西，要敢于亮剑，大大压缩其地盘；灰色地带要大张旗鼓争取，使其转化为红色地带。"[③] 如何加强马克思主义教育方法创新，守住互联网"红色地带"、压缩互联网"黑色地带"、抢占互联网"灰色地带"是互联网时代意识形态工作的重要任务。

1. 弘扬主旋律，守住互联网"红色地带"

互联网"红色地带"是符合社会主流价值观的网络思想舆论和行为活

---

① 《十八大以来重要文献选编》（下），北京：中央文献出版社，2018，第225页。
② 《习近平谈治国理政》，北京：外文出版社，2014，第406页。
③ 《习近平谈治国理政》第2卷，北京：外文出版社，2017，第328页。

动的主阵地，一定要守住。建设和坚守互联网"红色地带"，需要高举马克思主义理论旗帜、创新马克思主义理论教育方法，弘扬真善美、弘扬意识形态主旋律。

在信息匮乏时期，单向灌输即我说你听的传统理论教育方法，基本能达到宣传思想工作的目的。但是，在信息开放的互联网时代，马克思主义理论教育主体和客体都处在开放的信息世界里，面对互联网思潮的挑战，马克思主义理论教育工作者要在掌握互联网宣传教育规律的基础上，真正做到坚定、清醒、有为。教育工作者通过互联网阵地宣传马克思主义，绝不是简单、机械地重复一些政治口号，更不是一味地照抄照搬党的文件；而要站在党和人民根本利益的立场上，采取干部群众喜闻乐见的方式、方法进行教学，才能真正有效地守住马克思主义理论教育的互联网红色主阵地。当前，互联网思潮越复杂、观点越多样、声音越嘈杂，就越需要唱响主旋律，弘扬真善美。马克思主义理论教育工作者在网上宣传党的理论、路线、方针、政策时要理直气壮、坚持不懈，不要躲躲闪闪、含糊其辞；要不断提高形势宣传、成就宣传、典型宣传、主题宣传的质量和水平，在真实可靠上动脑筋，在可亲可敬上做文章，在入脑入心上下功夫。

马克思主义理论教育工作者要担负起建设互联网"红色地带"的使命，既要专于弘扬正能量，又要善于拓展网络"红色阵地"。从党的历史来看，当群众能清楚明白党的主张、政策与其利益切身相关时，才能激发其伟大的创造力。中国共产党提出的中国梦这一重大战略构想，是需要凝聚全国各民族全社会和各方面力量来一起实现的。如何让每一个个体都认识到个人梦与中国梦的关系，从而通过创造自身价值来助力中国梦的实现，是一个需要解决的重大现实问题。在这个过程中，用感人的事迹解读中国梦，用通俗易懂的理论宣传、解读中国梦，是理论宣传工作者的重要使命。"红色阵地"的拓展，不仅需要抓好党的新闻舆论网站等阵地的建设和管理，更要加强对微博、微信、客户端等新媒体阵地的建设和管理。近年来，党的各级宣传部门都集思广益，创建了一批深有影响的官方新媒体。中宣部推出的"学习强国"App在党员学习中发挥了积极作用。"学习强国"自2019年1月1日上线以来,全国各地的党员干部群众把它作为一项必修课,坚持"每日必做"。"学习强国"平台共有"学习新思想""习近平文汇""学习文化""环球视野""学习慕课"等17个板块,聚合了大量高质量可供免费阅读和观看的新闻、期刊、古籍、公开课、戏曲、电影等资料。"学习强国"App在提高广大干部群众的思想觉悟、文明素质、科学素养等方面发挥了重要作用。

2.勇于"亮剑",压缩互联网"黑色地带"

互联网空间存在"黑色地带",主要表现为小部分网民在网上造谣生事,在思想领域制造混乱。在互联网时代,网络空间已经是亿万人民群众共同的精神家园。网络空间的优劣将直接影响人民的生活和利益,保持网络空间的风清气正、生态良好才符合人民利益。如果网络空间乌烟瘴气、生态恶化,社会风气就会败坏,就会违背人民利益。一些互联网受众特别是广大青少年,如果受到生态恶化的网络空间的毒害,就会影响到他们正确价值观、历史观、荣辱观和审美观的形成。

习近平总书记指出:"舆论导向正确是党和人民之福,舆论导向错误是党和人民之祸。"[①]"我们要本着对社会负责、对人民负责的态度,做强网上正面宣传,培育积极健康、向上向善的网络文化,用社会主义核心价值观和人类优秀文明成果滋养人心、滋养社会,做到正能量充沛、主旋律高昂,为广大网民特别是青少年营造一个风清气正的网络空间。"[②] 面对互联网"黑色地带",马克思主义理论教育要坚持建设性和批判性相统一,要发扬斗争精神,敢于发声、勇于亮剑,敢于同一切错误言行作斗争;面对互联网空间中的错误言论,我们要用好马克思主义的批判武器,"直面各种错误观点和思潮,旗帜鲜明进行剖析和批判"[③];面对互联网"黑色地带",我们要深刻揭露各种网络错误观点和思潮的本质及其影响。中国共产党人要坚持问题导向,从现实问题出发,区分不同问题、针对不同对象,善于运用马克思主义

---

① 《习近平关于总体国家安全观论述摘编》,北京:中央文献出版社,2018,第118页。
② 《习近平谈治国理政》第2卷,北京:外文出版社,2017,第337页。
③ 习近平:《思政课是落实立德树人根本任务的关键课程》,北京:人民出版社,2020,第19页。

立场、观点、方法揭露各种互联网错误思潮的理论本质，廓清错误思潮迷雾，从理论源头上深刻批判那些歪曲、抹黑、唱衰主流意识形态的错误论调；通过互联网开展历史唯物主义和辩证唯物主义的宣传和教育，加强网络文化引导力，以网络正能量、网络"红色地带"压缩网络"黑色地带"。

互联网空间中的马克思主义理论教育，要增强主动性、掌握主动权，要通过既有理论深度又有生活温度的思想文化宣传，帮助干部群众划清是非界限、澄清模糊认识。只要我们坚持不懈地抓好马克思主义理论教育，有理有据地开展舆论斗争，就一定能压缩互联网"黑色地带"，从而使互联网主流思想舆论阵地得到巩固和拓展。

3. 要有阵地意识，抢占互联网"灰色地带"

按照"非黑即白"的形而上学思维习惯，互联网空间只存在相互对应的红色和黑色两大地带，所有互联网空间、互联网言论都可以在两大地带之间进行非此即彼的简单机械式划分。用辩证思维来看，互联网空间还存在超越"非黑即白"的"灰色地带"。互联网"灰色地带"是互联网空间中不明朗、难区分、难监管的领域，并且往往超出传统的政治、法律、伦理的关注范围。从现实的维度看，互联网"灰色地带"常常表现为排斥社会主义主流价值的某些亚文化圈，如具有颠覆、反讽、娱乐风格的微型电影，含有负面内容的西方大规模在线课程，蕴含实用主义、自由主义、非理性主义倾向的网络语言等，这些网络现象都将对主流思想舆论形成负面冲击。习近平总书记提出，"互联网是我们面临的最大变量"①，"宣传思想阵地，我们不去占领，人家就会去占领"②，红色的东西不覆盖，黑色的东西就会蔓延。从国家安全的角度看，在互联网战场上，我们能否顶得住、打得赢，将直接关系国家的意识形态安全和政权安全。当今西方发达资本主义国家仍然没有放弃对社会主义国家的意识形态颠覆。它们借助网络霸权优势、技术优势、信息优势，对包括我国在内的社会主义国家输入西方资本主义世界的价值理

---

① 《习近平关于网络强国论述摘编》，北京：中央文献出版社，2021，第56页。
② 《十八大以来重要文献选编》（上），北京：中央文献出版社，2014，第465页。

念、宗教信仰、生活方式以及文化产品,以继续推行西化、分化甚至颠覆社会主义制度的战略举措。马克思主义理论的宣传和教育承担着能动地引导、遏制和治理互联网"灰色地带"的时代责任。马克思主义理论教育工作者应敏锐地察觉到互联网领域的"灰色地带",并认识其潜在的危害,做到应势而动、顺势而为。对于互联网"灰色地带",我们要努力争取,使其转化为"红色地带"。抢占互联网"灰色地带"需要从三个方面加强作为。首先,要精准定位互联网思想领域的"灰色地带",对"灰色地带"进行精准分析,在看到"灰色地带"具有"灰色"一面的同时,也要看到其具有一定程度的"亮色"。我们只有将"灰色地带"问题化、明朗化、目标化,才能有针对性地开展马克思主义理论教育,从而对其进行有效转化。其次,要系统构筑"灰色地带"防护墙。我们要从不同学科视角,对互联网思想领域的"灰色地带"展开深入研究,对网络空间中发生的一些重大事件以及由此引发的重大社会事件进行分析与研判,深刻把握网络舆论风险传播、转化、联动规律,为各级党组织开展理论教育、掌握网络文化领导权与话语权提供理论参考和决策参考。最后,要丰富互联网空间的应对性教育资源建设。我们要推动马克思主义理论教育资源的网络化、图像化、影视化、故事化,增强其可读性与可视性,提高弘扬主旋律的网络资源的数量和质量,占领更多的网络阵地,从而形成强大的网络社会思潮引导力量。

当前,我国网络意识形态工作还有待进一步加强,关键是要进一步加强马克思主义理论教育网络主体力量的建设,进一步加强网络空间马克思主义理论教育方法的创新。维护网络意识形态安全,不仅需要全民皆兵、理性上网,还需要一支结构合理、配备精良、整体亮相的主力军在网上冲锋陷阵,在深入研究广大网民的新习惯、新需求的基础上,不断完善话语体系和表达方式,善于利用新媒体等传播手段开展马克思主义理论教育,推动马克思主义的正面宣传。

第三章
新时代马克思主义理论教育方法创新的理论基础

新时代新使命新任务对马克思主义理论教育创新提出了新要求。新时代马克思主义理论教育必须始终坚持以辩证唯物主义和历史唯物主义为指导，从中国传统教育理念和方法中吸取营养和智慧，积极借鉴、吸纳现代科学发展的优秀成果，在历史与现实、理论与实践、传统与现代的结合中不断创新教育方式方法，不断开创马克思主义理论教育新境界。

一 辩证唯物主义与历史唯物主义

学哲学、用哲学是中国共产党的优良传统。马克思主义哲学"深刻揭示了客观世界特别是人类社会发展一般规律，被历史和实践证明是科学的理论"，"是指导我们共产党人前进的强大思想武器"[1]，是中国共产党人的"看家本领"。新时代马克思主义理论教育方法创新，必须始终坚持和用好马克思主义哲学这一"看家本领"，把辩证唯物主义和历史唯物主义作为马克思主义理论教育方法创新的方法论基础。

---

[1] 《习近平关于社会主义文化建设论述摘编》，北京：中央文献出版社，2017，第62页。

1. 辩证唯物主义方法论

辩证唯物主义基本原理是科学认识世界和改造世界的哲学基础。习近平总书记强调："辩证唯物主义是中国共产党人的世界观和方法论……更加自觉地坚持和运用辩证唯物主义世界观和方法论，增强辩证思维、战略思维能力，努力提高解决我国改革发展基本问题的本领。"[①]

掌握辩证唯物主义关于世界的物质统一性原理，坚持一切从实际出发，是我们做好一切工作的基本立足点。辩证唯物主义关于世界统一于物质、物质决定意识的原理，就是坚持一切从客观实际出发制定政策、推动工作。马克思主义理论教育方法创新，必须坚持一切从实际出发。马克思主义理论教育方法的选择离不开对我国发展实际的准确把握，对国际环境的清晰判断，对教育对象特点的准确把握。正确认识教育环境和教育对象，使教育方法更好地适应客观实际，是我们开展马克思主义理论教育必须始终坚持的工作方法。当前最大的客观实际就是我国仍然处于并将长期处于社会主义初级阶段。这是我们规划未来、制定政策、推进各项事业的客观条件。从国内的客观现实来看，在这个历史阶段，我国经济社会正处于转型期，社会阶层呈现复杂的状况是马克思主义理论教育需要面对的最大实际。当然，国际环境也同样复杂多变。从国际环境的客观实际来看，进入21世纪以后，特别是最近几年，国际政治形势动荡，全球金融危机影响深刻，社会矛盾和种族、民族、宗教冲突频发，世界多极化、经济全球化、文化多样化、社会信息化持续推进。以上状况表明，与资本主义国家共存于国际竞争环境中的社会主义中国，要在世界范围内高扬社会主义的大旗，既有前所未有的机遇，也有无法回避的挑战。我们要在辩证唯物主义方法论的指导下，客观地分析国内、国际环境，以确定和选择正确的马克思主义理论教育方法。

"要学习掌握事物矛盾运动的基本原理，不断强化问题意识，积极面对

[①]《习近平：坚持运用辩证唯物主义世界观方法论》，http://www.xinhuanet.com/politics/2015-01/24/c_1114116751.htm。

和化解前进中遇到的矛盾。"① 矛盾就是问题，辩证唯物主义关于事物矛盾运动的基本原理，要求我们在实际工作中必须不断增强问题意识，坚持问题导向，善于发现问题、分析问题、解决问题，把认识和化解矛盾、发现和解决问题作为打开工作局面的突破口。中国共产党是中国特色社会主义事业的坚强领导核心。因此，马克思主义理论教育必须把党员干部的理论教育作为重中之重，在对全体党员的思想教育和理论教育中同样必须坚持问题导向，承认矛盾的普遍性、客观性，这是辩证唯物主义对马克思主义理论教育提供的方法论指导。以习近平同志为核心的党中央，针对形式主义、官僚主义、享乐主义、奢靡之风，在全党开展以"为民务实清廉"为主要内容的群众路线教育实践。群众路线教育实践的开展具有明确的问题意识和问题导向。正因如此，群众路线教育实践才达到了预期目的，取得了重大成果。

中国共产党注重掌握辩证唯物主义关于物质与意识的辩证关系，特别强调意识的能动作用。当前，中国特色社会主义进入了新时代，经济发展呈现新常态，社会发展全面而多样，国家治理逐步走向现代化，中国作为世界第二大经济体，正朝着实现中华民族伟大复兴中国梦的目标奋勇前进。中国梦的实现，社会主义现代化的推进，都离不开科学理论的指导，离不开众志成城的中国力量，离不开万众一心的中国精神，这是辩证唯物主义给予的重要启示。掌握辩证唯物主义关于物质与意识的辩证关系，就要充分尊重意识对物质的反作用，就要肯定马克思主义理论教育的重要历史地位，发挥马克思主义理论教育的重要作用。我们要在理论教育实践中进一步引导广大人民群众增强对中国特色社会主义的理论认同、政治认同、情感认同，不断激发广大人民群众投身社会主义建设事业的巨大热情，凝心聚力共筑中国梦。

2.历史唯物主义方法论

历史唯物主义既是科学的历史观，也是我们认识世界和改造世界的科学方法论。历史唯物主义所阐明的基本原理是指导我们正确认识马克思主义理

---

① 《习近平：坚持运用辩证唯物主义世界观方法论》，http://www.xinhuanet.com/politics/2015-01/24/c_1114116751.htm。

论教育主体和客体的方法论基础。

历史唯物主义不仅是一种"新世界观",而且是一种新方法论。中国共产党人在历史唯物主义方法论的指引下,对马克思主义理论教育主体和客体的理论认知都强调坚持人民立场和广泛性要求。在历史唯物主义视野下,马克思主义的人民群众观认为,人民群众是社会历史的推动者、创造者。"历史活动是群众的活动,随着历史活动的深入,必将是群众队伍的扩大。"① 马克思主义理论教育是做群众工作的,也是依靠群众来做工作的。因此,在马克思主义理论教育主体的建设和教育客体的特征把握中,都需要贯彻历史唯物主义关于人民群众是历史创造者的原理。习近平总书记强调,"人民是历史的创造者,是推动我国经济社会发展的基本力量和基本依靠"②,要"紧紧依靠人民,充分调动广大人民的积极性、主动性"③。在马克思主义理论教育问题上,我们要充分相信人民群众的主动性和创造力,在教育实践中,既要从加强马克思主义理论教育主体建设的角度扩充主体系统,又要发挥人民群众的自主性,广泛开展自我教育,在促进各类教育主体的相向同行中,形成马克思主义理论教育的协同效应。

二 中国传统教育理念与方法

马克思主义理论教育方法创新不是与传统的教育方法和理念脱节,而是在继承、改进传统方法的过程中进行创新,是在中国传统教育理念和教育方法基础上的充实与创造。从内容上看,中华优秀传统文化为马克思主义理论在中国的创新与发展提供了思想沃土。从方法上看,以德育为核心的中国传统教育理念同样蕴含着当代马克思主义理论教育方法创新的理论基础,如知行合一、因材施教以及循序渐进等教育理念对马克思主义理论教育方法的创

---

① 《马克思恩格斯文集》第1卷,北京:人民出版社,2009,第287页。
② 习近平:《在庆祝"五一"国际劳动节暨表彰全国劳动模范和先进工作者大会上的讲话》,北京:人民出版社,2015,第6页。
③ 《习近平谈治国理政》第2卷,北京:外文出版社,2017,第52页。

新具有重要启示和借鉴意义。

1. 知行合一

知行合一是中国传统教育的核心理念。自古以来，中国著名的思想家、教育家就对知行关系进行过诸多深刻的论述和阐释，并且坚持将知行合一作为道德教育的重要方法。

第一，知行合一要求教育坚持理论与实践并重。中国传统教育中的知行合一，首先要求教师在教学过程中，不仅要重视基本理论知识的教学，而且要引导学生运用所学的知识去解决实际问题。《论语》中"学而时习之，不亦说乎"的"习"是练习、实习，就是要求学生将知识化为能力并躬行践履[①]，因为"道虽迩，不行不至；事虽小，不为不成"。这就是说，教育的目的不止于使学生掌握理论，而是要求学生在理论学习中提高实践能力，学以致用。中国传统教育中知行合一的教育理念与方法，为马克思主义理论教育的方法创新奠定了理论基础。按照知行合一的教育理念，马克思主义理论教育不是为了理论而教育，而是要求学习者在掌握理论的同时提高实践能力，着重培养学习者主动投身中国特色社会主义事业、推动社会发展进步的实践能力，这是马克思主义理论教育的重要价值旨归。

第二，知行合一要求受教育者必须做到言行一致。在中国传统教育中，知行合一强调言行一致。墨子说："士虽有学，而行为本焉。口能言之，身能行之，国宝也。"[②] 即言行一致的人是最为上等的人，"言必行，行必果"的人即"国宝"。墨子不仅强调言行一致，而且强调言行中的功利效果，"无所利而必（不）言"[③] 指出言贵在行，不能付诸行为的话不应多说。知行合一要求马克思主义理论教育者在教育过程中，要充分遵循和运用言行一致、注重行为示范的方法，注重培养言行一致的人才。从传统知行合一理念来看，开展和落实马克思主义理论教育，要求教育者必须对自己严格要求，做到课上课下一致、网上网下一致。新时代马克思主义理论教育要引导学习

---

① 毛礼锐、沈灌群主编《中国教育通史》第1卷，济南：山东教育出版社，1995，第259页。
② 《墨子·修身》。
③ 《墨子·贵义》。

者坚持言行一致、知行合一，做坚定的马克思主义信仰者和践行者。

第三，知行合一要求教育者正确处理知与行的辩证关系。孔子的"行有余力，则以学文"与"子以四教：文、行、忠、信"①，看似矛盾，实则强调知文的目的是行，而行的前提条件是知。"人而不为《周南》《召南》，其犹正墙面而立也与?"②孔子认为学生不学《诗经》，犹如近墙面壁而立，一切不能见，一步不能行。"《诗》，可以兴，可以观，可以群，可以怨。迩之事父，远之事君"③，表明知有助于个人修身和齐家治国平天下。但孔子又认为："诵《诗》三百，授之以政，不达；使于四方，不能专对。虽多，亦奚以为?"④ 即如果知《诗》三百，从政而不能治理好国家，做外交官而不能"专对"，这是知而不能行，其知无用，等于不知，强调"知"最终要落实于"行"。正确认识和处理知行关系、理论与实践的辩证关系，是马克思主义理论教育探索、创新、选择和运用教育方法的重要原则。

2. 因材施教

在中国的传统教育中，孔子虽然是第一个倡导和实施因材施教的教育者，但"因材施教"的命题却不是孔子提出来的。南宋朱熹的《论语集注》指出"孔子教人，各因其材"，明确提出了因材施教的概念，揭示了因材施教的由来。⑤ 孔子的教育实践遵循因材施教的原则有深刻的社会历史根源。首先，当时的社会正处于新兴地主阶级和没落奴隶主贵族夺权斗争的时期，地主阶级政权的确立需要大量有专长的人才，因材施教促成了各种专门人才的成长；其次，孔子的学生在年龄、成分、性格、智力等方面的差异都很大，不根据具体教学对象采取合适的方法难以取得理想效果；最后，孔子教学的基本形式是个别教学，教与学的活动是一对一的，这为因材施教的具体实践提供了条件。因材施教在教育领域具有重要的理论价值与实践价值，也

---

① 《论语·学而》。
② 《论语·阳货》。
③ 毛礼锐、沈灌群主编《中国教育通史》第1卷，济南：山东教育出版社，1995，第262页。
④ 《论语·子路》。
⑤ 毛礼锐、沈灌群主编《中国教育通史》第1卷，济南：山东教育出版社，1995，第244页。

为当代马克思主义理论教育的方法创新提供了重要启示。

第一，孔子在教育实践中贯彻因材施教，特别注重从学生实际出发。孔子的弟子颜渊、仲弓、司马牛三人问仁时，孔子因三个弟子的学业造诣和接受能力不同，给出了三种不同的回答。"仁者，爱人也。己所不欲，勿施于人。克己复礼为仁。一日克己复礼，天下归仁焉。""出门如见大宾，使民如承大祭。己所不欲，勿施于人。在邦无怨，在家无怨。""仁者，其言也讱。"① 从这可以看出，孔子对于不同的教育对象，在教育内容上有所侧重，既能使教育对象在知识上得到满足，又能勉而进之。孔子在教学时特别注重从学生实际出发，这一点又为后来的孟子、韩愈、张载、朱熹、王守仁、王夫之等人继承和发展。孟子认为，人虽具有同样的善性，但由于客观环境的影响，及自我修养、教育的不同，就产生了才能的个别差异。为此，孟子把有教养的人分为"善""信""美""大""圣""神"六种类型②。在教育过程中，教育者应当将掌握受教育者的具体特点和实际思想状况，作为教育的重要前提，在教育时做到因人而异。

第二，因材施教要求教育者必须注重学情分析，注重从各种途径并运用各种方法掌握受教育者的具体特点和思想实际。孔子提倡采用观察法和谈话法。观察法是孔子有目的有意识地了解学生的方法。"听其言而观其行"③，"视其所以，观其所由，察其所安"④。这表明，孔子观察学生是把言和行、目的和情感、行为和习惯等结合在一起，多方面观察学生，由表及里地洞察认知特点和思维方式。此外，孔子还经常采用有目的的谈话方式了解学生，谈话方式有个别谈话和集体座谈。传统因材施教理念注重从教育对象实际出发，把观察法、谈话法作为教育者了解教育对象的重要方法，不断提升教育的针对性，这对于马克思主义理论教育方法创新具有重要启示和借鉴意义。教育对象有个体和群体之分，更有年龄、职业、收入、文化程度、社会地位

---

① 《论语·颜渊篇》
② 毛礼锐、沈灌群主编《中国教育通史》第1卷，济南：山东教育出版社，1995，第356页。
③ 《论语·公冶长》。
④ 《论语·为政》。

之别，还存在思想品德的差异。在马克思主义理论教育过程中，经济社会的发展使教育对象的差异性不断加剧。这就要求我们在马克思主义理论教育过程中，必须注重学情分析，在科学分析学情的基础上，针对不同类型的教育对象采取不同的教育方式方法。

因材施教也意味着教育者在教育过程中必须坚持实事求是的思想路线，解放思想、与时俱进，才能发现新问题、新情况，从而自觉地探索新的方法以解决教育过程中的各种矛盾。也就是说，教育者在马克思主义理论教育过程中，坚持因材施教的理念与方法，能够提高其主动创新教育方法的责任与意识。马克思主义理论使教育者充分认识到在急速变化的现代社会中，需要以教育对象的实际情况作为切入点，不断推动教育方法创新，以适应马克思主义理论教育发展的新要求。

3. 循序渐进

循序渐进是中国传统教育的一个重要方法，是中国教育的优良传统。中国古代教育家很早就使用循序渐进的教育方式。孔子在教育过程中一贯主张"无欲速""欲速则不达"[1]，非常重视按照循序渐进的原则教育弟子。孔子的弟子颜渊曾明确指出："夫子循循善诱人，博我以文，约我以礼，欲罢不能。"[2] 孟子主张"盈科不行""其进锐者，其退速"[3]，并且以"揠苗助长"来比喻教育过程需要尊重客观规律，循序渐进，不能急于求成。《礼记·学记》提出"不陵节而施""学不躐等"的思想，从"教"与"学"两个方面，分别阐释了循序渐进的教育原则。宋代思想家朱熹则把循序渐进解释为具体的学习方法，"圣贤教人，下学上达，循循有序，故从事其间者，博而有要，约而不孤，无妄意凌躐之弊"，"读书之法，莫贵乎循序而致精"[4]。由此可见，在长期的教育实践中，中国古代教育家已经认识到，知识的积累、学生的成长、教育的过程都是循序渐进的，不可能毕其功于一役。教育

---

[1]《论语·子路》。
[2]《论语·子罕》。
[3]《孟子·尽心上》。
[4] 张伯行：《续近思录》（第 5 卷），上海：上海古籍出版社，1994。

教学、人才培养必须按照客观规律办事，不能违背教育规律揠苗助长、急于求成。

从中国传统思想家、教育家关于循序渐进原则的论述来看，循序渐进的教育原则主要包括以下两个方面的深刻内涵：一是教育对象的阶段性特征决定了教育必须坚持依序施教、久久为功，二是教育内容的阶梯性特征决定了教育必须坚持由浅入深、逐步推进。中国传统教育循序渐进的教育原则，对新时代马克思主义理论教育方法创新具有重要的启示与借鉴意义。

第一，马克思主义理论教育必须从教育对象的心理、年龄、能力等实际出发，根据不同阶段的特点，依序施教。教育是一个自然过程，知识的增长、价值观念的形成和改变是一个不断发展的过程，有其客观规律。在理论教育过程中，我们要持之以恒、久久为功，不能急功近利、违背教育规律、揠苗助长，否则欲速则不达。学校的马克思主义理论教育要分阶段、分层次地开展，以此为主要内容的思想政治理论课坚持大中小学一体化推进，彰显一体化育人成效。

第二，马克思主义理论的具体知识教育要遵循由浅入深的渐进原则，根据教学的实际情况合理设置教学目标，按照教学内容精心设计教学的坡度与梯度，进行由易到难、由点到面、由浅入深的编排，通过若干阶段性目标逐步达到总体目标；要建立由"学"到"用"的渐进性、阶梯性学习机制，引导教育对象在弄懂相关知识的内在联系、掌握理论知识的基础上，提高运用所学知识分析问题和解决问题的能力，进而树立正确的世界观、人生观和价值观。

三 现代科学方法

随着现代科学技术的不断发展，人类认识世界和改造世界的能力不断提升，对世界的认识从宏观深入到微观，形成了以控制方法、信息方法、系统方法、模型方法和理想化方法等为主要内容的现代科学思维方法。现代科学思维方法的深入发展和广泛应用，为人们认识客观世界提供了新视角、新途径，推动社会科学研究不断走向定量化、数学化、精细化，为新时代马克思主义理论教育方法创新提供了有力支撑。

1.控制方法

控制方法是指一个系统在专门机构或控制器发出信息指令的作用和调节之下，按照预定目的维持系统正常运转的行为方法。在系统运转过程中，通过分析和研究数据的分布，揭示规律性、寻找差异性，从而有效实施过程管理。控制方法主要包括反馈控制方法、功能模拟方法、黑箱辨识方法等，其中，反馈控制方法具有普遍的应用价值。由于内部要素的变化和外部环境的干扰，任何一个系统都具有不确定性，因此，要使系统克服不确定性，保持某种稳定的状态，以达到预期的目标，就需要进行控制。"把系统输出的信息，返回到输入端，从而对系统的输入和再输出施加影响，从而使系统能稳定保持在某种状态或按照一定路径达到预期目标——这种方法称为反馈控制方法。"[1] 即通过分析和研究数据、信息及其分布状况，参考预定目标，通过反馈，消除不确定性，实现控制。运用反馈控制方法，可以保持系统运转的稳定性，从而按照一定的路径达到预期目标。美国学者维纳在《控制论》中指出："任何组织之所以能够保持自身的内稳定性，是由于它具有取得、使用、保持和传递信息的方法。"[2]

"有效的教育系统，必然是一个良好的反馈控制系统"[3]，因此，控制方法也被广泛应用于教育领域。马克思主义理论学习实践是一个复杂的过程，包括预习、学习、复习、实践、考察、再学习等诸多环节，其中，某些过程是可以控制的，而且也是需要控制的。如果把马克思主义理论教育视为一个信息控制系统，那么马克思主义理论教育方法创新就需要推动信息获取方法、信息传递方法和信息反馈方法等协同创新，从而提升信息传播的有效

---

[1] 查有梁：《控制论、信息论、系统论与教育科学》，成都：四川省社会科学院出版社，1986，第20页。
[2] ［美］N.维纳：《控制论》，郝季仁译，北京：科学出版社，1962，第160页。
[3] 查有梁：《控制论、信息论、系统论与教育科学》，成都：四川省社会科学院出版社，1986，第21页。

度,提升教育的实效性。

2.信息方法

信息方法与控制方法紧密相关,就是根据控制论、信息论、系统论的原理,"把系统看作是借助于信息的获取、传输、处理、输出以实现有目的的运动的一种研究方法"[1]。信息方法要求撇开系统的具体运动形态,把系统的运动过程抽象为一个信息传递和信息转换的过程,通过对信息的收集、传递、加工、分析和处理,从而获得对系统运动过程的规律性认识。信息方法所依据的基本原理是,在任何系统中,一方面,物质、能量、信息等呈现不同的形态,且各自具有相对独立性;另一方面,这些物质、能量、信息之间又密切相关,存在着"信息—输入—存贮—处理—输出—信息"[2]的信息传递和信息转换的过程。由于反馈信息的作用,系统将处于有控制的相对稳定的运行之中,从而通过对信息的分析和处理实现对系统运动规律的认识。信息方法包括信息分析综合法、行为功能模拟法、系统整体优化法等主要内容。

随着现代科学技术的飞速发展,人类社会进入信息社会。信息方法作为一种具有普遍方法论意义的现代科学方法,被广泛应用于社会生活的各个领域。在教育科学领域,人们不断运用信息方法研究学习论、教学论,运用信息方法推动教育教学改革创新,提升教育教学效果。从信息论的视角来看,马克思主义理论教育也是一个信息传递、信息转换、信息反馈的过程,是教育者和教育对象之间的信息传递、交换和反馈。基于此,教育者创新马克思主义理论教育方法,重点需要解决好三个方面的问题。一要针对教育对象,利用现代信息技术,创新马克思主义理论教育内容,创造多种形式的教育内容和信息组合。二要结合时代特点,利用各种信息传播媒介,创新马克思主义理论教育平台和载体,确保信息传输通道的畅通、有效。三要加强教育者与受教育者之间的交流沟通,及时了解受教育者的信息接受、存储和使用状

---

[1] 蔡筱英等编著《信息方法概论》,北京:科学出版社,2004,第14页。
[2] 李庆臻主编《科学技术方法大辞典》,北京:科学出版社,1999,第113页。

况，通过反馈、调整、改进，不断提升马克思主义理论教育实效。

3. 系统方法

系统方法就是运用系统科学的理论和原则，"从系统与要素之间、要素与要素之间，以及系统与外部环境之间的相互联系、相互作用中，精确地考察对象，以达到最佳地处理问题的科学方法"[①]。系统方法是对传统形而上学世界观的扬弃，是对传统科学简单性原则、线性思维的扬弃，是人类思维和现代科学发展的结果。恩格斯指出："由于这三大发现和自然科学的其他巨大进步……我们就能够依靠经验自然科学本身所提供的事实，以近乎系统的形式描绘出一幅自然界联系的清晰图画。"[②] 现代科学的发展，不仅使系统方法成为可能，而且使系统方法成为必要，为系统方法提供了理论基础。

系统方法的基本原则是系统方法的具体体现，从不同方面反映系统方法的本质特征。学界基于对系统方法的不同理解，概括出系统方法的不同原则。在系统方法的诸多原则中，整体性、动态性、最优化等被视为最基本的原则。第一，整体性原则。整体性原则是系统方法的核心原则，其他诸多原则可以视为整体性原则的具体化或者深化。所谓整体性原则，就是要求以系统的整体作为研究对象，从系统的整体出发把握事物的部分与部分、部分与整体之间的关系，通过分析部分研究整体，在整体与部分的相互联系中达到对具体的整体性认识。第二，动态性原则。任何现实的系统都是处于不断运用中的"活系统"，是不断演化发展的，系统内部各要素之间、系统与环境之间不断进行物质、能量和信息的交换。系统的动态性原则告诉我们，任何系统都是运动的，系统通过内部活动不断调整要素之间的相互关系，通过系统与外界的活动调整系统与环境的相互关系，在相互作用的动态过程中推动系统从无序到有序、从较低有序向较高有序发展。第三，最优化原则。最优化原则是指系统在一定条件下达到最佳结构或最优状态的原则。根据系统所处的环境和条件，确定系统的最优目标和最佳方案，运用各种新的技术手段调

---

① 杨长桂：《试论系统方法》，《哲学研究》1982年第3期。
② 《马克思恩格斯选集》第4卷，北京：人民出版社，2012，第252页。

整系统整体与部分的关系，对多种要素进行有机整合，使部分的功能服从于系统的整体目标，使整体在动态中保持最佳状态，实现整体上的最优效果。

从系统论的原理来看，教育是一个复杂的巨大系统，马克思主义理论教育是教育系统中的"子系统"。正确认识和掌握系统方法，就能正确看待马克思主义理论教育与其他教育活动的相互关系，对推动新时代马克思主义理论教育方法创新、提升马克思主义理论教育实效具有重要意义。

4. 模型方法

在科学研究和工程设计中，人们对一些比较复杂的研究对象"往往通过积累有关的事实材料，依据已知的规律，首先建立一个适当的模型来加以描述，这种利用模型来达到特定认识目的的研究方法，就是模型方法"[①]。这一过程是把模型用作认识客体和制造产品的手段，以简化和理想化的形式去揭示研究对象的形态、特征和本质。模型方法是人类在认识世界和改造世界过程中的方法创新。在近代实验科学的产生和发展过程中，模型方法曾经发挥过重要作用。随着现代科技革命的兴起以及计算机科学技术的广泛应用，模型方法不仅普遍应用于自然科学和工程技术领域，而且在社会科学各个领域也得到了广泛应用。"模型方法已成为现代科学的核心方法。"[②]

现实生活中模型种类繁多，包括物理模型、数学模型、化学模型、生物模型、物质模型等。这些形式多样的模型又大致可以分为两类，即物质模型和理想模型。物质模型主要指以某种具体形式的模型实体再现原型的模型方法，是人们根据原型的属性、特征等，用具体的物质实体进行复制和模拟，如船模、建筑模型、高电压实验装置等。理想模型又称思想模型、理论模型，受社会实践能力和水平的限制，研究者对那些较为复杂的研究对象不能或者难以用具体的物质实体复制模型，从而运用科学抽象方法，在思维中构建的一种高度抽象的理想模型。理想模型是根据一定的研究目的，对研究对象的本质及特征进行分析和抽象而构建的思维上的模拟物。理想模型以客观

---

① 蔡筱英等编著《信息方法概论》，北京：科学出版社，2004，第258页。
② 孙小礼：《模型——现代科学的核心方法》，《哲学研究》1993年第2期。

实际存在的事物为原型,是对研究对象的一种近似写真,具有抽象性、近似性、相对性等特征。在社会科学领域应用更加广泛的模型方法是理想模型方法。

马克思主义理论教育的传统方法侧重于定性分析,忽视了教育过程的各种数量关系和数量变化。我们在定性分析的基础上,引进和应用模型方法,对马克思主义理论教育进行更为精准的量化模型分析,对建立科学的教育方案、规范教育的过程管理、提升马克思主义理论教育的科学化水平等具有重要意义。

5.理想化方法

理想化方法"是一种在思维中把现实的对象充分理想化、纯粹化,在排除现实客体系统中其他次要因素的影响后,借助科学的想象或抽象所进行的对现实对象虚构模拟或在思维中实验的逻辑方法"[1]。理想化方法借助于逻辑思维和想象力,用与研究对象有差别的、便于处理的简化形式,代替研究对象进行研究。[2] 理想化方法不是一种主观臆想,而是根据研究对象的客观实际,对研究对象的各种因素进行甄别,区分哪些是主要因素、哪些是次要因素,在此基础上,舍弃次要的、不必要的因素,排除次要因素和无关因素的干扰,对"纯化"后的资料和事实进行科学抽象和概括,揭示事物的特殊本质。理想化方法是物理学、工程科学研究中的一种常用的、重要的、基本的研究方法,主要包括理想模型法和理想实验法等形式。

理想模型法是指在科学研究中,人们对一些比较复杂的研究对象,根据研究对象的客观实际和所掌握的有关资料,首先提出一种形象、具体、便于思维和推理的设想或模型,然后再根据这一设想或模型进行理论推理和实践检验的研究方法。[3] 理想模型法很好地发挥了逻辑思维的作用,对研究对象进行简化处理,有利于更好地认识事物的内在规律,形成科学预见,增强实践活动的预见性。

---

[1] 孙晶:《理想化方法与理论模型》,《北京理工大学学报》(社会科学版) 2000 年第 1 期。
[2] 何伟光、何维杰:《理想化方法在科学研究中的重要作用》,《湖南大学学报》1997 年第 4 期。
[3] 何伟光、何维杰:《理想化方法在科学研究中的重要作用》,《湖南大学学报》1997 年第 4 期。

理想实验法是一种形象思维与抽象思维相互作用的高级科学思维过程。理想实验也叫假想实验或思想实验，它是人们以真实的科学实验为基础，以逻辑法则为依据，运用丰富的想象力，在思维中设计出的实验过程。理想实验在实验的特征、目的等方面与具体实验相类似，都是通过将研究对象进行"纯化"，进而概括出研究对象的本质和特性。但理想实验并不是一种实践活动，而是一种逻辑推理过程，不能等同于实际实验。

与信息方法、控制方法、系统方法、模型方法等相类似，理想化方法也是在自然科学领域中应用并成熟起来的，然后逐渐被应用到社会科学领域，并对社会科学研究产生巨大的推动作用。马克斯·韦伯在《社会科学方法论》中提出的"理想类型"方法①，被视为理想化方法应用于社会科学领域的突出代表。理想化方法在社会科学领域的应用，对推动马克思主义理论教育方法创新具有重要意义。我们要把理想模型法、理想实验法等应用于马克思主义理论教育，坚持定量与定性相结合，针对不同对象制定科学的目标，实施科学的管理，进行科学的评估，提升马克思主义理论教育的预见性、针对性和实效性，推动马克思主义理论教育走向精确化、科学化。

---

① ［德］马克斯·韦伯：《社会科学方法论》，韩水法、莫茜译，北京：商务印书馆，2013。

第四章
新时代马克思主义理论教育的方法原则

中国共产党人在马克思主义经典作家所奠定的马克思主义理论教育基本原则的基础上,又在长期的教育实践中形成了一整套关于马克思主义理论教育的思想方法、领导方法和工作方法。中国共产党人的马克思主义理论教育逻辑严密、层次清晰,包含三个有机联系的基本层次,即马克思主义理论教育的方法论基础、方法论原则和具体方法。在新的时代条件下,围绕马克思主义理论教育的任务,在新的历史契机和先进的科学技术条件下,习近平总书记创新和发展了马克思主义理论教育的方法体系,提出了马克思主义理论教育的方法原则,这为新时代马克思主义理论教育提供了根本遵循。2016年,习近平总书记在全国高校思想政治工作会议上提出:"做好高校思想政治工作,要因事而化、因时而进、因势而新。"① "三因"理念是新时代高校思想政治教育工作的重要方法,也是马克思主义理论教育的重要方法。

一 因事而化:注重理论联系实际

"因事而化"是以习近平同志为主要代表的中国共产党人在新时代对理论联系实际的马克思主义理论教育原则的创新性发展。"因事而化"的核心

---

① 《习近平谈治国理政》第 2 卷,北京:外文出版社,2017,第 378 页。

要义就是理论联系实际，通过对现实问题的聚焦来解疑释惑，打开思想关口，并最终将马克思主义的理论自觉转化为行动自觉。"因事而化"的"事"就是现实问题，在对党的群众路线教育实践活动、"三严三实"专题教育、"两学一做"学习教育、"不忘初心、牢记使命"主题教育等马克思主义理论教育实践进行部署和总结时，习近平总书记反复强调，要抓住问题、突出重点，要坚持"问题导向"。

（一）聚焦现实问题

习近平总书记在对党的群众路线教育实践活动总结时强调，集中教育活动要取得实效，"必须突出重点、聚焦问题"①，"这次活动的重点是促使全党更好执行党的群众路线"②。从现实问题来看，"当前影响执行党的群众路线的要害是作风问题，必须突出改进作风这个主题。而作风又有很多方面，需要进一步聚焦，我们就聚焦到形式主义、官僚主义、享乐主义和奢靡之风这些群众反映强烈的突出问题上"③。强化问题导向，是以习近平同志为核心的党中央治国理政新理念新思想新战略特别是全面从严治党的一个鲜明特征。党中央强调，"两学一做"学习教育重在解决问题，如果不解决问题，就会流于形式、走过场，各级党组织要以解决问题为牵引来开展学习教育。这为扎实有效开展学习教育指明了方向、提供了遵循，是学习教育需要牢牢把握的大逻辑，要求我们必须在"学、做、干、评"等方面牢固树立问题意识、强化问题导向，切实把解决问题贯穿于学习教育全过程。④ 关于问题，学者们从不同的角度进行过讨论。总的来说，哲学上所讲的问题主要从

---

① 习近平：《在党的群众路线教育实践活动总结大会上的讲话》，北京：人民出版社，2014，第7页。
② 习近平：《在党的群众路线教育实践活动总结大会上的讲话》，北京：人民出版社，2014，第7页。
③ 习近平：《在党的群众路线教育实践活动总结大会上的讲话》，北京：人民出版社，2014，第7页。
④ 林武：《树立问题意识　强化问题导向》，http://dangjian.people.com.cn/n1/2016/0523/c117092-28369967.html。

认识论、辩证法和价值论三个角度进行理解。一般而言，人们认为，问题是人们在认识活动中对认识对象缺乏认知而感到疑问或疑惑的一种状况，其实质是某些知识的缺乏，这是从认识论角度对问题进行的界定。也有学者提出，哲学中的问题还有另一方面，那就是价值方面的问题。"它表现的是哲学家的理想、信仰、期待、追求，总之表现的是哲学家的个人体悟和人生理想。这方面的答案没有真假问题，但有先进与落后之分。"[①] 在讨论问题导向时，学者们大多将问题定义为矛盾，依据是毛泽东在《反对党八股》中提出的"什么叫问题？问题就是事物的矛盾。哪里有没有解决的矛盾，哪里就有问题"[②]。习近平总书记在第十八届中央政治局第二十次集中学习时的讲话中指出："我们强调增强问题意识、坚持问题导向，就是承认矛盾的普遍性、客观性，就是要善于把认识和化解矛盾作为打开工作局面的突破口。"[③] 矛盾无时不在、无时不有，坚持正视问题就是正视矛盾，就是坚持实事求是。

问题导向是马克思主义世界观和方法论的重要体现。直面问题、研究问题，对问题进行系统分析和解剖研究，找出问题的根源，挖掘问题产生的深层次矛盾和内在机理，是马克思主义认识论的基本要求。问题在现实生活中是事物内在矛盾运动的外在呈现，解决和化解矛盾需要从现象入手。发现问题的过程是深刻揭示现实矛盾的过程，也就是把现实问题深化、抽象为理论问题的过程。问题是对客观矛盾的理性把握，通过仔细分析就会发现，问题并不会抽象而简单地存在，而是渗透在形形色色的具体事物之中，只有真正理解现实的矛盾所在才能发现问题。问题并不直接存在于对象之中，而是存在于研究对象的主体意识之中。客观存在的只是对象和它的存在条件与内在矛盾，它的进一步发展的障碍和方向。要把客观矛盾变为主体意识中的问题，需要哲学思维。[④] 在现实中，认识论、辩证法和价值论方面的问题有可

[①] 陈先达：《哲学中的问题与问题中的哲学》，《中国社会科学》2006年第2期。
[②] 《毛泽东选集》第3卷，北京：人民出版社，1991，第839页。
[③] 《习近平关于协调推进"四个全面"战略布局论述摘编》，北京：中央文献出版社，2015，第86页。
[④] 陈先达：《哲学中的问题与问题中的哲学》，《中国社会科学》2006年第2期。

能是交织在一起的。就思想领域来看，广大党员和人民群众的思想观念可能存在理想与现实、自我与社会、物质追求与精神寄托、传统生活观念与现代意识、感性与理性的矛盾冲突，党员干部中可能存在淡化甚至丧失党性的情况。因此，在广大党员中开展马克思主义理论教育需要从现象破题，聚焦现实问题，需要由此及彼、由表及里，通过对现象的归纳、分析、概括、提炼找准反映事物本质的问题，尤其是抓住关键问题、难点问题、牵一发而动全身的深层次问题，才能做到实事求是。可见，在对问题的发现和分析中，理论思维能力非常重要。

（二）化解思想疑惑

思想是行动的先导和动力，思想清醒才能带来行动自觉，马克思主义理论只有被群众接受、认同才能变成物质的力量。马克思指出："批判的武器当然不能代替武器的批判，物质力量只能用物质力量来摧毁；但是理论一经掌握群众，也会变成物质力量。"① 光有理论或者照搬某种理论，对认识活动来讲既没有原动力，也没有推动力。2012年，《人民论坛》记者对当时党政干部的理论困惑进行过一次采访调查，采访中很多党政干部表示，他们最需要的是看得懂、说得清、用得上的理论。基层干部在上理论课的时候，最想探讨现实热点问题，最想实现理论与工作的紧密结合，授课老师如果泛泛地讲授理论知识，他们就觉得不解渴、不过瘾。②

1942年，毛泽东同志在延安整风时期对马克思主义理论家有过如下概述，（我们需要的理论家）"能够依据马克思列宁主义的立场、观点和方法，正确地解释历史中和革命中所发生的实际问题，能够在中国的经济、政治、军事、文化种种问题上给予科学的解释，给予理论的说明。"③ 对马克思主义理论教育来说，如果不能运用马克思主义对现实中的问题进行释疑解惑，就无法体现马克思主义的魅力，无法掌握群众。中国共产党是马克思主义理

---

① 《马克思恩格斯文集》第1卷，北京：人民出版社，2009，第11页。
② 杜凤娇：《当前党政干部的理论困惑》，《人民论坛》2012年第24期。
③ 《毛泽东选集》第3卷，北京：人民出版社，1991，第814页。

论教育的核心主体，如果在社会重大问题上处于困惑状态，就不可能带领中华民族大踏步地前进。《中共中央关于认真学习宣传贯彻党的十九大精神的决定》指出："要主动设置议题，加大引导力度，围绕社会普遍关注的热点难点问题，多做解疑释惑、疏导情绪的工作，多做增进共识、增进团结的工作。"①

解答思想疑惑，凝聚思想共识，是坚持问题导向更进一步的要求。理论只有解除思想疑惑，才能掌握群众。就辩证唯物主义认识论来说，实践是认识发展的动力。2015年，习近平总书记在全国党校工作会议上提出要求，党校对领导干部的马克思主义理论教育要"坚持问题导向，注重回答普遍关注的问题，注重解答学员思想上的疙瘩，反对主观主义、教条主义、形式主义，防止空对空、两张皮"②。思想通则万事通。在马克思主义理论教育的具体实践中，理论教育工作者要力求让教育内容贴近现实；理论文章要面向群众的思想困惑；对老百姓进行理论宣传，要在简明扼要、深入浅出上下功夫。党的群众路线教育实践活动之所以取得预期效果，是因为活动的开展聚焦问题，着重从思想上解疑释惑。习近平总书记在党的群众路线教育实践活动总结大会上明确指出："广大党员、干部精神上补了'钙'，进一步认识到人民是历史的创造者，我们党来自人民、植根人民，各级干部无论职位高低都是人民公仆、必须全心全意为人民服务；进一步增进了同群众的感情、拉近了同群众的距离，增强了同群众一块过、一块苦、一块干的自觉性；进一步掌握了贯彻群众路线的工作方法。"③

（三）化为行动自觉

因事而化强调"走心"，更要"笃行"。马克思说："人的思维是否具有

---

① 《中共中央关于认真学习宣传贯彻党的十九大精神的决定》，http://www.china.com.cn/news/2017-11/03/content_41837439_3.htm。
② 习近平：《在全国党校工作会议上的讲话》，北京：人民出版社，2016，第16页。
③ 习近平：《在党的群众路线教育实践活动总结大会上的讲话》，北京：人民出版社，2014，第2页。

客观的真理性，这不是一个理论的问题，而是一个实践的问题。人应该在实践中证明自己思维的真理性，即自己思维的现实性和力量，自己思维的此岸性。"① 马克思主义具有鲜明的实践品格，不仅致力于科学"解释世界"，而且致力于积极"改变世界"。马克思主义改变世界，不仅仅是改变主观世界，更要改变客观世界。学习马克思主义就是要理论联系实际，将学习切实落实到自己的生活、工作和实践当中。

在改革开放之初，邓小平同志告诫全党："世界上的事情都是干出来的，不干，半点马克思主义都没有。"② 不把马克思主义理论付诸行动，就是从根本上违背了马克思主义实事求是的精髓。把握马克思主义理论精髓，最根本的就是要解决主观与客观、理论与实践的关系问题，就是要把思想认识转变为行动自觉。党中央在集中开展党的群众路线教育实践活动后，又在党员群众中积极组织"三严三实"专题教育。"'三严三实'专题教育，是党的群众路线教育实践活动的延展深化。"③ 习近平总书记特别强调，"三严三实"专题教育"要融入领导干部经常性学习教育，不分批次、不划阶段、不设环节，不是一次活动"，④ 并明确提出"推动领导干部践行'三严三实'制度化、常态化、长效化"⑤ 的要求。"制度化、常态化、长效化"就是要强调坚守与落实。"三严三实"是习近平总书记对领导干部提出的新要求，"三严三实"不能只说在嘴上、写在纸上，必须牢记在心上，落实在行动上。只有落实了，才表示真正理解了、认同了。党的十八大以来，我们一直强调对广大党员和人民群众进行理想信念教育，理想信念教育是否解决了思想困惑，是否具有实效，同样要看是否化为了行动自觉。对此，习近平总书记指出："衡量一名共产党员、一名领导干部是否具有共产主义远大理想，是有客观标准的，那就要看他能否坚持全心全意为人民服务的根本宗

---

① 《马克思恩格斯文集》第1卷，北京：人民出版社，2009，第500页。
② 《十六大以来重要文献选编》（下），北京：中央文献出版社，2008，第874页。
③ 《十八大以来重要文献选编》（中），北京：中央文献出版社，2016，第466页。
④ 《十八大以来重要文献选编》（中），北京：中央文献出版社，2016，第469页。
⑤ 《十八大以来重要文献选编》（中），北京：中央文献出版社，2016，第680页。

旨，能否吃苦在前、享受在后，能否勤奋工作、廉洁奉公，能否为理想而奋不顾身去拼搏、去奋斗、去献出自己的全部精力乃至生命。"①

马克思主义理论教育要让理论在现实中"立"起来，要坚持把教育融入日常、抓在经常。习近平总书记指出："坚持实事求是不是一劳永逸的，在一个时间一个地点做到了实事求是，并不等于在另外的时间另外的地点也能做到实事求是，在一个时间一个地点坚持实事求是得出的结论、取得的经验，并不等于在变化了的另外的时间另外的地点也能够适用。"② 为了实现马克思主义理论教育的常态化、长效化，中共中央在"三严三实"专题教育的基础上，又于2016年2月印发了《关于在全体党员中开展"学党章党规、学系列讲话，做合格党员"学习教育方案》，要求各地区各部门认真贯彻执行。"两学一做"学习教育是面向全体党员深化党内教育的重要实践，是推动党内教育从"关键少数"向广大党员拓展、从集中性教育向经常性教育延伸的重要举措。从党的群众路线教育实践活动，到"三严三实"专题教育、"两学一做"学习教育，再到党的十九大要求在党员干部中开展的"不忘初心、牢记使命"专题教育，这一系列专题教育的目的，就是要通过常态化的集中教育实践，督促广大党员在长期的理论教育实践中，将思想认识转变为行动自觉，真正把马克思主义内化于心、外化于行。

二 因时而进：理论武装及时跟进

汉代桓宽在其著作《盐铁论》中指出："明者因时而变，知者随事而制。"大致意思是，聪明的人往往会根据时期的不同而改变自己的策略和方法，有大智慧的人会伴随着事物发展方向的不同而制定相应的管理方法。对马克思主义理论教育而言，"因时而进"的核心要义就是，教育要紧跟时代的发展进路，捕捉有利时机，因时制宜、应时而动、顺时而进，要"胸怀

---

① 《习近平谈治国理政》，北京：外文出版社，2014，第23~24页。
② 《习近平谈治国理政》，北京：外文出版社，2014，第26页。

大局、把握大势、着眼大事，找准工作切入点和着力点"①。"因时而进"是一种求真务实的态度，是一种破冰前行的勇气，更是一种创新发展、与时俱进的智慧。随着我国 GDP 跃居世界第二位，社会主义中国的发展成就举世瞩目。在短短的半个多世纪内，中国道路已经让中国人民站起来、富起来、强起来。事实证明，发展优势不会自动转化为话语优势，随着国际社会对中国关注度的提高，各种质疑中国发展道路和发展模式的声音不绝于耳。在这样的时代背景下，不管是对内开展教育，还是对外进行宣传，都需要理论工作者在学术自觉的基础上对"中国道路"做出马克思主义的学理阐释。马克思主义理论教育也要做到"顺势而为"、与时俱进，要在教育内容上、话语体系上、行动落实上及时跟进，把中国特色社会主义的发展优势转化为话语优势。

（一）教育内容及时跟进

马克思主义是不断发展的开放的理论。坚持理论创新与理论武装相结合，坚持教育内容及时跟进，既是对中国共产党 100 年多来革命、建设、改革实践经验的理论总结，也是对马克思主义理论教育实践的方法论要求。中国共产党一贯坚持"理论创新每前进一步，理论武装就要跟进一步"②。

第一，理论武装及时跟进是实现理论创新目的的必要途径。"真正坚持马克思主义的指导地位，同时也内在地包含了不断发展马克思主义的要求。"③ 推动实践基础上的马克思主义理论创新是马克思主义的本质要求。基于 19 世纪 40 年代自由资本主义的发展现状，以及所表现出来的资产阶级异常强大的历史事实，马克思恩格斯提出了共产主义革命"同时胜利"论。马克思晚年通过对东方社会历史文化的潜心研究，形成了自己关于东方社会

---

① 《习近平谈治国理政》，北京：外文出版社，2014，第 153 页。
② 习近平：《在"不忘初心、牢记使命"主题教育总结大会上的讲话》，北京：人民出版社，2020，第 14~15 页。
③ 习近平：《干在实处　走在前列——推进浙江新发展的思考与实践》，北京：中共中央党校出版社，2016，第 313 页。

的发展理论,并针对当时俄国的基本情况提出俄国可能"可以不通过资本主义制度的卡夫丁峡谷,而吸取资本主义制度所取得的一切肯定成果"① 的伟大设想。在此基础上,列宁根据马克思主义的基本原理,在分析俄国的具体实际后,抓住第一次世界大战帝国主义国家忙于战争导致资本主义链条出现薄弱环节的历史机遇,提出了"经济和政治发展的不平衡是资本主义的绝对规律。由此就应得出结论:社会主义可能首先在少数甚至在单独一个资本主义国家内获得胜利"②。列宁以此指导俄国的布尔什维克党通过十月革命取得了社会主义革命的伟大胜利,开辟了人类历史的新纪元。对于马克思主义,列宁有他的清醒认知,马克思主义理论"所提供的只是总的指导原理,而这些原理的应用具体地说,在英国不同于法国,在法国不同于德国,在德国又不同于俄国"③,"在每个国家通过具体的途径来完成统一的国际任务……的时候,都必须查明、弄清、找到、揣摩出和把握住民族的特点和特征"④。中国共产党人在残酷的革命实践中也充分认识到各种教条主义的危害,并在实践中不断地形成了马克思主义中国化的最新理论成果。毛泽东指出:"马克思这些老祖宗的书,必须读,他们的基本原理必须遵守,这是第一。但是,任何国家的共产党,任何国家的思想界,都要创造新的理论,写出新的著作,产生自己的理论家,来为当前的政治服务,单靠老祖宗是不行的。"⑤ 中国共产党人也正是这样做的。在新民主主义革命时期,以毛泽东同志为主要代表的中国共产党人,把马克思列宁主义的普遍真理与中国实际相结合,创造性地形成了毛泽东思想;党的十一届三中全会以来,以邓小平同志为主要代表的中国共产党人,系统总结新中国成立以来正反两方面的经验,解放思想、实事求是,创立了邓小平理论;党的十三届四中全会以来,以江泽民同志为主要代表的中国共产党人,在建设中国特色社会主义实践

---

① 《马克思恩格斯全集》第19卷,北京:人民出版社,1963,第451页。
② 《列宁专题文集 论社会主义》,北京:人民出版社,2009,第4页。
③ 《列宁专题文集 论马克思主义》,北京:人民出版社,2009,第96页。
④ 《列宁专题文集 论无产阶级政党》,北京:人民出版社,2009,第256~257页。
⑤ 《毛泽东文集》第8卷,北京:人民出版社,1999,第109页。

中，形成了"三个代表"重要思想；党的十六大以来，以胡锦涛同志为主要代表的中国共产党人，根据新的发展要求，形成了以人为本、全面协调可持续发展的科学发展观；党的十八大以来，以习近平同志为主要代表的中国共产党人，顺应时代发展，创立了习近平新时代中国特色社会主义思想。正如习近平所说："马克思主义是随着时代、实践、科学发展而不断发展的开放的理论体系，它并没有结束真理，而是开辟了通向真理的道路。"①

马克思恩格斯在创立马克思主义理论时，不但特别重视对无产阶级和革命群众进行理论武装和思想教育，还特别注重理论武装的及时跟进。他们指出："理论在一个国家实现的程度，总是取决于理论满足这个国家的需要的程度。"② "批判的武器当然不能代替武器的批判，物质力量只能用物质力量来摧毁；但是理论一经掌握群众，也会变成物质力量。"③ 列宁认为自发的工人运动只能产生工联主义意识，因此强调对革命群众和无产阶级政党进行马克思主义理论和社会主义意识"灌输"的重要性。列宁指出："对人民进行政治教育——这就是我们的旗帜，这就是全部哲学的意义。"④ 马克思主义理论教育既在马克思主义基本原理指导下不断总结新的实践经验进行理论创新，又以新的发展着的马克思主义理论为指导，形成正确的路线方针政策和行动纲领来推动实践创新。这是中国共产党的巨大优势，也是中国特色社会主义取得成功的基本经验。毛泽东同志指出："必须使各级党的领导骨干都懂得，理论和实践这样密切地相结合，是我们共产党人区别于其他任何政党的显著标志之一。因此，掌握思想教育，是团结全党进行伟大政治斗争的中心环节。如果这个任务不解决，党的一切政治任务是不能完成的。"⑤ 从党的历史看，整风运动让全党在毛泽东思想的基础上达到了空前的统一和团结，这为夺取抗日战争和解放战争的胜利提供了有力保证。在建设中国特色

---

① 习近平：《在哲学社会科学工作座谈会上的讲话》，北京：人民出版社，2016，第13页。
② 《马克思恩格斯文集》第1卷，北京：人民出版社，2009，第12页。
③ 《马克思恩格斯文集》第1卷，北京：人民出版社，2009，第11页。
④ 《列宁全集》第13卷，北京：人民出版社，1987，第169页。
⑤ 《建党以来重要文献选编（1921~1949）》第22册，北京：中央文献出版社，2011，第188页。

社会主义进程中，中国共产党致力于组织广大党员和群众深入学习和掌握马克思主义基本原理，以及中国化的马克思主义理论成果，就是要着力提升党员干部和人民群众运用科学理论认识世界和改造世界的能力。

第二，坚持用党的创新理论武装全党、教育人民。坚持理论创新与理论武装相结合，把创新的马克思主义理论作为自己的行动指南，是马克思主义及无产阶级政党永葆旺盛生机和活力的奥秘所在。习近平总书记多次强调，要"不断开辟马克思主义发展新境界"①。实践没有止境，理论创新也没有止境，我们要根据时代变化和实践发展，不断深化认识，总结经验，推进实践基础上的理论创新；要以新的理论指导新的实践，始终坚持不懈地用创新发展的马克思主义武装群众，教育人民。

新的历史时期要充分认识马克思主义理论教育的重要性，尤其要充分认识开展习近平新时代中国特色社会主义思想教育的重要性。习近平新时代中国特色社会主义思想是马克思主义理论体系的最新成果，是指导中国共产党人进行具有新的历史特点的伟大斗争的鲜活的马克思主义。坚持不懈抓好理论武装，就要把深入学习领会习近平总书记重要讲话精神作为首要任务，把推动全党掌握最现实、最集中体现21世纪马克思主义的当代中国马克思主义的科学理论作为重中之重。党的十九大以来，以习近平同志为核心的党中央为推动对新时代中国特色社会主义理论的宣传和教育，在全党和全国范围内切实推进党的十九大精神的学习和宣传。中国共产党面向全体党员开展多形式、分层次、全覆盖的全员培训，各级党的十九大精神宣讲团奔赴各省区市开展党的十九大精神宣讲。从手段和形式上看，各级政府机关充分运用网络手段，各级党报、党刊、电台、电视台精心策划、集中报道，努力做到党的十九大精神宣讲全网跟进、全面报道。

第三，坚持重视实践和原原本本读原著相结合。马克思主义既是一个博大精深的知识体系，又是一个与时俱进的理论体系。马克思主义理论教育要系统、准确、精准、到位，就要结合新的历史条件，加强对马克思主义基本

---

① 习近平：《在庆祝改革开放40周年大会上的讲话》，北京：人民出版社，2018，第26页。

理论和中国化马克思主义理论的研究。研究马克思主义基本理论能为坚持和发展马克思主义提供基本的遵循和依据；研究中国化的马克思主义理论，用极具特色的民族话语总结中国经验、解读中国实践、阐释中国道路，能在理论教育实践中增强广大干部和群众对党的理论创新成果的政治认同、思想认同、情感认同。毛泽东指出说：“如果我们党有一百个至二百个系统地而不是零碎地、实际地而不是空洞地学会了马克思列宁主义的同志，就会大大地提高我们党的战斗力量，并加速我们战胜日本帝国主义的工作。”① 马克思主义理论研究和阐释工作是确保理论教育内容科学性和亲和力的基础性工作，理论研究和阐释工作将极大地影响马克思主义理论教育和宣传的成效。

强调读原著、学原文、悟原理，是中国共产党开展马克思主义理论教育的一条重要历史经验。在马克思主义理论教育问题上，习近平总书记特别强调对马克思主义原著的学习和教育。在2011年中共中央党校春季学期第二批学员开学典礼和2015年全国党校工作会议上，习近平都围绕学习马克思主义经典著作进行了专门论述：一方面要求"原原本本学习和研读经典著作"②，另一方面又强调"领导干部要发扬理论联系实际的马克思主义学风，带着问题学"③。将读原著与重实践相结合，是习近平总书记强调的马克思主义理论教育的重要方法论原则。

经典著作是马克思主义理论的源头，读经典著作可以使我们原原本本地了解马克思主义基本原理的原貌和发展脉络。习近平总书记指出："马克思主义经典著作蕴含和集中体现着马克思主义基本原理，是马克思主义理论的本源和基础。"④ 马克思主义基本原理是相对于马克思主义经典作家基于当时的具体历史情况形成的个别观点、具体结论和行动纲领而言的，是马克思主义的基本立场、基本观点、基本方法的集中概括和理论表达，是马克思主

---

① 《毛泽东选集》第2卷，北京：人民出版社，1991，第533页。
② 习近平：《在全国党校工作会议上的讲话》，北京：人民出版社，2016，第15页。
③ 《习近平谈治国理政》，北京：外文出版社，2014，第406页。
④ 《习近平：认真学习马克思主义经典著作 不断推进中国特色社会主义事业》，https://news.12371.cn/2015/12/15/ARTI1450165487337269.shtml。

义理论体系的核心内容与活的灵魂。在新的形势下，要准确而全面地理解和把握马克思主义基本原理，就要原原本本地学习马克思主义经典著作。1844年，恩格斯在致格·亨·福尔马尔的信中谈到关于《资本论》学习的问题时指出："您的女朋友会研究原著本身，不会让一些简述读物和别的第二手资料引入迷途……不过要有个前提，就是从真正古典的书籍学起，而不是从那些最要不得的德国经济学简述读物或这些读物的作者的讲稿学起。"① 毛泽东同志非常重视党员干部对马列著作的学习，他经常结合不同时期的需要列出一些"干部必读"书目。1964年，毛泽东提出高级干部要读30部马克思主义经典著作。党的理论创新不是在马克思主义之外的创新，是在坚持和发展马克思主义基本原理基础上的创新，只有认真学习马克思主义经典著作，才能从源头上完整准确地理解马克思主义。

原原本本读原著有助于从源头上加深对中国特色社会主义理论体系的理解。习近平总书记强调："中国特色社会主义理论体系归根到底是以马克思主义基本理论为指导的……不了解、不熟悉马克思主义基本原理，就不可能真正了解和掌握中国特色社会主义理论体系。"② 中国特色社会主义理论体系是与马克思列宁主义、毛泽东思想、邓小平理论、"三个代表"重要思想、科学发展观既一脉相承又与时俱进的科学理论体系。所谓一脉相承是指以上理论之间具有内在的、本质上的一致性。这种内在的、本质上的一致性包括它们都具有共同遵循的理论文本——马克思主义经典著作。中国共产党人必须深入学习马克思主义经典著作，才能深刻把握马克思主义中国化的理论成果。习近平总书记在全国党校工作会议上的讲话中指出："党校要加强学员对马克思主义经典著作的学习研究，开出基本书目，引导学员读原著、学原文、悟原理。"③

对马克思主义科学理论的学习，必须重视读原著、悟原理。那么，强调读原著，是否意味着只要从本本到本本就可以了呢？当然不是。在认真学习

---

① 《马克思恩格斯全集》第36卷，北京：人民出版社，1975，第200页。
② 习近平：《在全国党校工作会议上的讲话》，北京：人民出版社，2016，第15页。
③ 习近平：《在全国党校工作会议上的讲话》，北京：人民出版社，2016，第16页。

马克思主义经典著作的基础上，习近平总书记还强调要发扬理论联系实际的马克思主义学风。习近平总书记指出，坚持理论联系实际的马克思主义学风，必须坚持问题导向，要"反对主观主义、教条主义、形式主义，防止空对空、两张皮"①。如果仅仅是读了马克思主义的经典著作，而不去努力运用他们的学说研究和思考实际问题，不深入生活实际，就不是真正的马克思主义者。列宁在《青年团的任务》中指出："如果说，学习共产主义只限于领会共产主义著作、书本和小册子里的东西，那我们就很容易造就出一些共产主义的书呆子或吹牛家。"② 在列宁看来，单从书本上领会关于共产主义的论述是极不正确的。因为，离开社会生活的现实，离开无产阶级斗争的实际，单纯的书本知识可能导致理论与实践的脱节。习近平总书记也强调："学习的目的全在于运用。"③ 对原著的学习、对基本原理的把握，既是实践的目的，也是推动理论发展的需要。实践是人们能动地改造客观世界的活动。"我们要根据时代变化和实践发展，不断深化认识，不断总结经验，不断进行理论创新，坚持理论指导和实践探索辩证统一，实现理论创新和实践创新良性互动。"④ 认识的深化需要将学到的理论知识用于指导实践，在实践中深化理论，在实践中发展理论。

（二）话语创新及时跟进

话语是语言符号和价值观念的统一体。话语由两个相互依存的部分组成，一部分是内容，另一部分是形式。话语具有信息传递、思维规范、思想教化三大功能。在如何建构当代中国的学术话语这个问题上，目前有以下三种主张值得重视：第一，"照着说"——这是回到原典的"教条路向"；第二，向后看的"复古路向"；第三，向外看的"西化路向"。那么，我们该如何看待这三条可能的路向呢？首先，中国现阶段的社会矛盾和问题具有自

---

① 习近平：《在全国党校工作会议上的讲话》，北京：人民出版社，2016，第16页。
② 《列宁专题文集 论无产阶级政党》，北京：人民出版社，2009，第279页。
③ 《习近平谈治国理政》，北京：外文出版社，2014，第406页。
④ 《习近平关于社会主义文化建设论述摘编》，北京：中央文献出版社，2017，第65页。

身的特殊性，不能苛求以"老祖宗"的话语来解决21世纪中国的问题。其次，中国现阶段的社会矛盾和问题具有时代的特殊性，不能奢望以古人的话语来解决今天的问题。最后，中国现阶段的社会矛盾和问题具有民族的特殊性，不能期待以西方的话语来解决中国的问题。① 建构当代中国的学术话语需要"创造当代中国马克思主义的学术概念、学术语言，创新马克思主义的学术观点、学术方法，不断赋予当代中国马克思主义鲜明的实践特色、民族特色、时代特色"②。具体来看，构建中国特色、中国风格、中国气派的马克思主义话语体系又涉及三个话语系统，即学术话语系统、民间话语系统和对外话语系统；关系到两个环节，即打造话语体系和转换话语体系。

1. 注重打造话语体系

第一，构建中国特色、中国风格、中国气派的马克思主义话语体系需要把已有的、零散的中国化马克思主义理论学术话语形成整体的、系统的学术话语体系。习近平总书记强调："我们要立足我国国情和我们的发展实践，深入研究世界经济和我国经济面临的新情况新问题，揭示新特点新规律，提炼和总结我国经济发展实践的规律性成果，把实践经验上升为系统化的经济学说，不断开拓当代中国马克思主义政治经济学新境界。"③ 马克思主义中国化的过程是新问题不断出现、多层次要求不断提出和升华的过程。从现有成果来看，中国共产党人既创立了中国特色社会主义理论，也形成了中国特色社会主义的学术话语体系。经典的学术话语体系包括在探索社会主义建设道路的过程中提出的一些独创性的观点。如毛泽东同志提出的新民主主义经济纲领，社会主义社会的基本矛盾理论，以农业为基础、工业为主导、农轻重协调发展等重要观点。党的十一届三中全会以来，在社会主义建设实践的基础上，中国共产党在马克思主义话语体系的创造上取得了一些理论成果。比如，关于社会主义本质的理论，关于社会主义初级阶段基本经济制度的理论，关于树立和落实创新、协调、绿色、开放、共享的新发展理念，关于发

---

① 参见陈曙光《中国的发展优势如何转化为话语优势》，《光明日报》2014年2月17日。
② 《十六大以来重要文献选编》（下），北京：中央文献出版社，2008，第888页。
③ 《十八大以来重要文献选编》（下），北京：中央文献出版社，2018，第7页。

展社会主义市场经济、使市场在资源配置中起决定性作用和更好发挥政府作用的理论，关于我国经济发展进入新常态的理论，等等。① 不足的是，我们的理论研究和理论总结还不能完全升华改革开放以来的伟大实践，一些理论研究和宣传工作者还自觉不自觉地照搬西方的概念、范畴和理论，套用西方的话语体系解读中国的发展实际。马克思主义的发展如果缺少学术创造力，缺少当代中国马克思主义的学术语言，就不能正确解读中国现实、回答中国问题。习近平总书记指出："在解读中国实践、构建中国理论上，我们应该最有发言权，但实际上我国哲学社会科学在国际上的声音还比较小，还处于有理说不出、说了传不开的境地。"② 要充分发挥新时代马克思主义理论教育的作用和功能就要加强马克思主义理论的话语体系建设，要"提炼出有学理性的新理论，概括出有规律性的新实践"③。

第二，要着力打造融通中外的马克思主义新概念新范畴新表述，为讲好中国故事、传播好中国声音奠定话语基础。对外话语体系是一个国家在国际舞台上确立话语权的重要前提，国际社会热议"中国模式""中国现象"，为我们对外宣传中国特色社会主义道路、中国特色社会主义理论、中国特色社会主义制度、中国特色社会主义文化提供了有利的话语契机。习近平总书记强调："要精心做好对外宣传工作，创新对外宣传方式，着力打造融通中外的新概念新范畴新表述，讲好中国故事，传播好中国声音。"④ 打造融通中外的新概念新范畴新表述，既是实现马克思主义中国化理论创新的必然要求，也是推动中国化马克思主义理论进一步实现国际传播的必然要求。近年来，我国经济社会发展取得了令人瞩目的成就，我们的发展优势还没有转化为话语优势，未形成能够凝聚世界共识的中国化马克思主义独立话语体系。党的十八大以来，以习近平同志为核心的党中央统筹推进"五位一体"总体布局，协调推进"四个全面"战略布局，统揽伟大斗争、伟大工程、伟

---

① 《十八大以来重要文献选编》（下），北京：中央文献出版社，2018，第3页。
② 《十八大以来重要文献选编》（下），北京：中央文献出版社，2018，第329页。
③ 《十八大以来重要文献选编》（下），北京：中央文献出版社，2018，第327页。
④ 《习近平谈治国理政》，北京：外文出版社，2014，第156页。

大事业、伟大梦想,提出"两个一百年"奋斗目标、实现中华民族伟大复兴的中国梦、国家治理体系和治理能力现代化、人类命运共同体、新型大国关系、"一带一路"倡议等一系列重大理念和目标,以上都迫切需要一套符合国际表达方式的科学、开放、融通的新概念新范畴新表述从理论上讲述清楚。中国对外话语体系本质上是中国道路的理论表达、中国经验的理论提升、中国理论的话语呈现,中国对外话语在世界语境中的有效传播程度实际上就是中国话语权的体现。从话语体系的内在条件看,打造融通中外的话语体系需要问题支撑、概念支撑、价值支撑、范式支撑、学理支撑,以此增强中国马克思主义最新理论成果国际传播的亲和力和实效性。近些年,中国共产党人在党的理论创新的对外传播上做了大量的推介工作。党的十九大召开后不久,中共中央做出决定:"精心组织重点理论文章……宣介我国经济社会发展重大举措和成就,充分展示习近平总书记大国领袖的雄才大略和气度风范,充分展示我们党和国家的良好形象。"[①] 为此,一系列对外宣介活动迅即展开。2017年11月1日,中联部举行大范围专题吹风会,面向外国驻华使节以及国际组织等代表,深入解读党的十九大精神;11月30日至12月3日,中国共产党与世界政党高层对话会在北京举行,来自120多个国家的近300个政党和政治组织领导人齐聚一堂,聆听党的十九大精神,共商推动构建人类命运共同体、携手建设美好世界。宣介活动远不止于国内。2017年11月到2018年2月,在中联部牵头组织下,近30个党的十九大精神对外宣介团访问了近80个国家和地区,向各国主要政党、政治组织、智库、媒体等宣介解读党的十九大精神,基本做到了重点国家和地区全覆盖。[②]

2. 注重推动学术话语体系的转换

马克思主义要实现大众化有四个基本要求:一是从理论本身来看,马克思主义理论要由抽象变为具体、由深奥变为通俗;二是从理论与文化文明的关系看,马克思主义要吸收各国的优秀文明成果,与大众文化相结合;三是

[①] 《十九大以来重要文献选编》(上),北京:中央文献出版社,2019,第185页。
[②] 侯露露:《近三十个对外宣介团在近八十个国家和地区精准传播十九大精神》,《人民日报》2018年2月2日。

从理论与群众的关系看，理论要被广大群众所理解、掌握，并上升为群众信仰；四是从理论与实践的关系看，马克思主义理论要在被群众理解、掌握和信仰的基础上，自觉地运用于社会主义建设实践。对马克思主义理论教育者来说，以上四个要求都无疑指向了一个任务，那就是在马克思主义理论教育过程中，要将学术话语向民间话语转换。因此，中国特色、中国风格、中国气派的马克思主义话语体系建设的第二个环节就是转换话语体系。转换话语体系是实现马克思主义大众化的必要途径，转换话语体系最关键的任务就是实现学术话语向民间话语的转换。

毛泽东指出："只有具体的马克思主义，没有抽象的马克思主义。"① 邓小平指出："我们讲了一辈子马克思主义，其实马克思主义并不玄奥。马克思主义是很朴实的东西，很朴实的道理。"② 在邓小平看来，马克思主义不是深奥的理论，而是朴实的道理；他认为马克思主义内含于具体的事物现象中。习近平总书记的系列重要讲话则充分体现了用群众语言同群众交流的原则。如"打铁还需自身硬"③"把权力关进制度的笼子里"④"发扬钉钉子精神"⑤"一分部署，九分落实"⑥"小康不小康，关键看老乡"⑦"绿水青山就是金山银山"⑧。大量的形象比喻、俗语俚语、诗文典故被习近平总书记用来说明中国特色社会主义建设中的重要理论和实践问题，这是习近平总书记的语言特点，也是打通学术话语系统和民间话语系统的重要方法。在对外话语宣传方面，习近平总书记也一直在践行中国声音与世界语言的互联互通。他用既有深度又接地气的语言向外国朋友讲述中国道路和国际合作理

---

① 《建党以来重要文献选编（1921~1949）》第15册，北京：中央文献出版社，2011，第651页。
② 《邓小平文选》第3卷，北京：人民出版社，1993，第382页。
③ 《习近平在对美国进行国事访问时的讲话》，北京：人民出版社，2015，第16页。
④ 《习近平谈治国理政》，北京：外文出版社，2014，392页。
⑤ 《习近平谈治国理政》第3卷，北京：外文出版社，2020，第236页。
⑥ 《习近平谈治国理政》第2卷，北京：外文出版社，2017，第261页。
⑦ 《习近平谈治国理政》第2卷，北京：外文出版社，2017，第23页。
⑧ 《习近平谈治国理政》第2卷，北京：外文出版社，2017，第559页。

念。在谈中国制度时,他提出"鞋子合不合脚,自己穿了才知道"①;在谈东西方文明时,他提出"茶和酒并不是不可兼容的,既可以酒逢知己千杯少,也可以品茶品味品人生"②;在谈解决全球性问题时,他提出"如果我们能为我们这个世界打造一把精巧的瑞士军刀就好了"③。平易亲和、有人情味是习近平留给广大民众和许多外国友人的深刻印象。习近平总书记的语言体现的是大道至简、要言不烦的话语特点。习近平总书记的语言风格向我们展示了21世纪马克思主义话语体系建设的因时而进。

(三)行动及时跟进

马克思主义绝不只是书斋里的学问,马克思从一开始就对脱离现实生活的、纯粹思辨的形而上学进行了明确批判。他指出:"哲学,尤其是德国哲学,爱好宁静孤寂,追求体系的完满,喜欢冷静的自我审视……哲学,从其体系的发展来看,不是通俗易懂的;它在自身内部进行的隐秘活动在普通人看来是一种超出常规的、不切实际的行为;就像一个巫师,煞有介事地念着咒语,谁也不懂得他在念叨什么。"④ 马克思指出:"哲学已进入沙龙、教士的书房、报纸的编辑室和朝廷的候见厅,进入同时代人的爱与憎。"⑤ 哲学已进入现实生活世界,为人们改变世界提供世界观与方法论指导。因此,我们开展马克思主义理论教育,就是要坚持理论联系实际,坚持理论及时跟进,要做到学习跟进、认识跟进、行动跟进相统一,以现实问题为切入点,化解思想困境;以马克思主义作为行动指南,自觉从马克思主义中汲取营养和智慧,指导实践、推动工作。

在中国特色社会主义新时代,中国共产党人开展马克思主义理论教育要坚持不懈加强党的创新理论武装,坚持用习近平新时代中国特色社会主义思

---

① 《习近平谈治国理政》,北京:外文出版社,2014,第273页。
② 《习近平谈治国理政》,北京:外文出版社,2014,第283页。
③ 《习近平谈治国理政》第2卷,北京:外文出版社,2017,第544页。
④ 《马克思恩格斯全集》第1卷,北京:人民出版社,1995,第219页。
⑤ 《马克思恩格斯全集》第1卷,北京:人民出版社,1995,第220页。

想改造主观世界；要以理论学习提升思想境界、以理论学习增强发展本领，把理论学习成果落实到干事创业的行动中，不断提高科学化水平，更好推动我国的高质量发展和现代化建设。

三　因势而新：顺应互联网发展大势

人类进入互联网时代是当前社会发展的基本形势。习近平总书记深刻指出："以互联网为代表的信息技术日新月异，引领了社会生产新变革，创造了人类生活新空间，拓展了国家治理新领域，极大提高了人类认识世界、改造世界的能力。"① 互联网的快速发展和普及，对马克思主义理论教育方式方法创新提出了新要求。"因势而新"指明了互联网时代马克思主义理论教育创新发展的工作重点和前进方向。

（一）构建网络教育平台，实现教育手段创新

坚持改进创新，搭建便于群众参与的互联网平台，开辟群众乐于参与的互联网渠道，是互联网时代增强马克思主义理论教育吸引力、感染力的重要途径。2022年2月25日，中国互联网络信息中心（CNNIC）在京发布第49次《中国互联网络发展状况统计报告》（以下简称《报告》）。《报告》显示，截至2021年12月，我国网民规模达10.32亿，较2020年12月增长4296万，互联网普及率达73.0%。② 互联网的普及使得网络空间日益成为公众进行信息交流、观点碰撞的主渠道。信息多元化的"网上世界"不仅改变了人们获取信息的渠道，也极大地影响了网民的思维方式和价值观念。习近平总书记在"8·19"讲话中指出："根据形势发展需要，我看要把网上舆论工作作为宣传思想工作的重中之重来抓。必须正视这个事实，加大力量投入，尽快掌握这个舆论战场上的主动权，不能被边缘化了。"③ 后来，

---

① 《习近平关于科技创新论述摘编》，北京：中央文献出版社，2016，第86页。
② 《2021年我国网民总体规模持续增长》，http://www.geceo.com/news/2202/119030.html。
③ 《习近平关于社会主义文化建设论述摘编》，北京：中央文献出版社，2017，第29页。

习近平总书记又提出网上网下"同心圆"①思想。具体来说"就是在党的领导下，动员全国各族人民，调动各方面积极性，共同为实现中华民族伟大复兴的中国梦而奋斗"②。对马克思主义理论教育来说，电视广播、网络传播的即时性、迅速性和形象性为马克思主义理论的宣传教育提供了更多生动便捷的渠道和方式。教育工作者要用好网络手段，通过网络直播、网络视频、网上交流等形式，做到理论教育全网跟进。习近平总书记要求："各级党政机关和领导干部要学会通过网络走群众路线，积极回应网民关切、解疑释惑。"③同样，理论教育工作者要通过网络积极回应网民关注的理论热点，充分调动网民参与学习的积极性，增强网络宣传的实效性和影响力。

（二）加强综合治理，推进教育机制创新

"加强互联网内容建设，建立网络综合治理体系，营造清朗的网络空间"④，是新时期马克思主义理论教育机制创新在互联网领域的努力方向。网络从最初仅仅作为一种信息传播的工具和手段，随着互联网在普通大众中的推广和应用，逐步发展成为一种虚拟社区。虚拟社区与现实社会既相互联系又交互作用，整体上构成了一个网络社会。"互联网新技术新应用不断发展，使互联网的社会动员功能日益增强。"⑤"网络空间已经成为人们生产生活的新空间。"⑥互联网的媒体属性越来越明显。网络新闻本身只是一个信息源，但是新闻后面发大量跟帖，反映了一种社会文化和社会心理，它能带动和反映网民的社会情绪和价值取向，是网络文化的表现形式之一。网络文化作为一种新的社会文化，已经深入人们生活的各个领域，尤其是深入占网民大多数的青年大学生学习、生活的方方面面。习近平总书记指出，要形成

---

① 《习近平谈治国理政》第2卷，北京：外文出版社，2017，第335页。
② 《习近平关于社会主义政治建设论述摘编》，北京：中央文献出版社，2017，第141页。
③ 《习近平谈治国理政》第2卷，北京：外文出版社，2017，第336页。
④ 《习近平谈治国理政》第3卷，北京：外文出版社，2020，第33页。
⑤ 《习近平关于网络强国论述摘编》，北京：中央文献出版社，2021，第73页。
⑥ 《习近平谈治国理政》第3卷，北京：外文出版社，2020，第318页。

良好的网上舆论氛围,"一个重要手段就是发挥舆论监督包括互联网监督作用"①。营造良好的网上舆论氛围,发挥好网络空间塑造人的社会功能,就必须从两个方面努力,一是在网络空间中弘扬文化正能量,二是加强网络空间的综合管理。网络文化具有集知识性、商业性、娱乐性、教育性于一体的特点,从其存在方式看,网络文化又具有多元性、开放性、互动性、自我性、不可控性(虚拟性)等特点。马克思主义理论教育工作者需要重点关注网络空间的两个功能,并以此为核心创新理论教育机制。在 2014 年文艺工作座谈会上,习近平总书记特别提到了网络文艺的生产问题。他指出:"互联网技术和新媒体改变了文艺形态……文艺乃至社会文化面临着重大变革。要适应形势发展,抓好网络文艺创作生产,加强正面引导力度。"②"培育积极健康、向上向善的网络文化,用社会主义核心价值观和人类优秀文明成果滋养人心、滋养社会,为广大网民特别是青少年营造一个风清气正的网络空间。"③ 互联网在信息传播中的独特作用和方式,是我们需要关注的国家治理新领域。这个新领域对马克思主义理论教育主体的责任而言,除了思想的引领,核心是要采取治理措施以规范网络秩序。习近平总书记强调:"网上信息管理,网站应负主体责任,政府行政管理部门要加强监管。"④"网络安全和信息化是一体之两翼、驱动之双轮,必须统一谋划、统一部署、统一推进、统一实施。"⑤

总的来说,互联网时代的马克思主义理论教育需要形成网上网下齐抓共管的局面,既要坚持用社会主义核心价值观引领网络文化,又要依法加强对网络社会的管理,确保互联网可管可控。

---

① 习近平:《在网络安全和信息化工作座谈会上的讲话》,北京:人民出版社,2016,第 9 页。
② 《十八大以来重要文献选编》(中),北京:中央文献出版社,2016,第 126 页。
③ 《习近平谈治国理政》第 2 卷,北京:外文出版社,2017,第 337 页。
④ 习近平:《在网络安全和信息化工作座谈会上的讲话》,北京:人民出版社,2016,第 20 页。
⑤ 《习近平谈治国理政》,北京:外文出版社,2014,第 197~198 页。

（三）运用互联网思维，促进教育理念创新

互联网最重要的特性在于它给我们提供了一种新的思维方式——互联网思维。互联网思维强调"民主""开放""参与"，强调"互联""共享""融合"。互联网的发展成果大家共享，互联网的规则也需要大家共同遵守。在首届世界互联网大会的贺词中，习近平总书记提出了互联网时代的"互联互通"理念，这其中所倡导的价值观、安全观等就是互联网思维的具体体现。

互联网思维的革新对马克思主义理论教育创新带来重要启示。从理念革新来看，马克思主义理论教育要运用"开放""参与""互联""共享""融合"的互联网思维促进教育理念创新。互联网的交互特性启迪马克思主义理论教育实践要加强互动性，以推进理论教育的针对性。互联网思维注重融合，这就要求马克思主义理论的教育和宣传要注重传统优势同信息技术的高度融合，媒体融合发展要从"相加"到"相融"，着力打造新型主流媒体。从技术支持来讲，互联网时代的信息分析技术也将为马克思主义理论教育的理念创新提供技术上的可能。在大数据时代，信息技术产生的海量数据分析对教育的开展和规划具有极强的指导价值。2012年12月7日，习近平总书记在考察腾讯公司时指出："我看到你们做的工作都是很重要的，比如在这样的海量信息中，你们占有了最充分的数据，然后可以做出最客观、精准的分析。这方面对政府提供的建议是很有价值的。"[①] 可见，基于海量大数据的精确分析对于精准决策具有重要意义。面对互联网大潮，马克思主义理论教育要充分运用大数据，主动融入、主动互动，使理论教育实践更具针对性，这是马克思主义理论教育在互联网时代需要坚持的基本理念。

---

① 参见《习近平的6个"互联网思维"》，http://politics.people.com.cn/n/2014/1120/c1001-26064303.html。

第五章
新时代马克思主义理论教育的基本方法

党的十八大以来，以习近平同志为核心的党中央高度重视马克思主义理论教育，注重推动马克思主义理论教育方法改革创新。2019年3月18日，习近平总书记在学校思想政治理论课教师座谈会上发表重要讲话，明确提出推动思政课改革创新的"八个统一"，从不同层面揭示了新时代马克思主义理论教育的基本规律，为新时代马克思主义理论教育方法创新提供了重要的理论遵循和行动指南。

一 守正创新：坚持灌输与启发相结合

"灌输是马克思主义理论教育的基本方法"①，以列宁为代表的马克思主义经典作家对灌输的重要意义、实施方法等进行过系统的论述。在新的时代背景下，马克思主义理论教育仍然离不开必要的灌输，依然需要把灌输作为教育的基本方法。但是，灌输"不等于搞填鸭式的'硬灌输'"②，是要注重启发式教育，引导学生在启发中水到渠成得出结论。我们要坚持灌输与启发相统一，注重发挥"灌输论"的当代价值，注重运用问题式教学法、故事教学法等马克思主义理论教育教学方法。

---

① 习近平：《思政课是落实立德树人根本任务的关键课程》，北京：人民出版社，2020，第22页。
② 习近平：《思政课是落实立德树人根本任务的关键课程》，北京：人民出版社，2020，第22页。

（一）深入挖掘"灌输论"的当代价值

20世纪初，列宁针对当时俄国社会民主党内存在的崇拜自发论的工联主义倾向，提出了"灌输论"。"灌输论"强调，在资本主义条件下，工人阶级的阶级意识必须依靠灌输即宣传、教育、学习等方式才能形成，而不可能自发形成。这种灌输主要来自"外面"，即主要来自那些创造并掌握了科学社会主义理论的优秀知识分子。在新的时代背景下，"灌输论"依然具有重要意义，开展马克思主义理论教育需要深入挖掘"灌输论"的当代价值。

1. 深刻理解灌输的科学内涵与时代价值

灌输有两种解释，一种是"把流水引导到需要水分的地方"，另一种是"输送（思想、知识等）"。根据这一解释，引导内在地包含在灌输之中，与灌输相辅相成，不能将两者对立起来[①]，不能将灌输理解为不讲方法、简单生硬、强行硬灌。因此，在运用灌输法时，我们要讲求灌输的方法和技巧，注意引导的质量和效果，使灌输和引导有机统一。对马克思主义理论教育对象而言，正确的思想和理论即科学的世界观和方法论，不可能不学而知、不教而会，必须通过各种形式的灌输即理论教育，才能内化为他们的意识。任何时候，人的实践活动都受一定思想和理论的支配，不同的思想和理论对人的社会实践活动会产生不同的影响。在变化迅速且纷繁复杂的社会生活面前，人们比以往任何时候都更需要马克思主义理论的指导，从而进行正确的决策和选择，以更好地认识和改造世界，并在改造世界的实践活动中得到全面发展。以科学的理论武装人是新时期思想政治教育的基本理念，它所强调的正是理论灌输法的现代价值。[②]

2. 理论灌输要联系实际

理论只有与社会生活实际和人们的思想实际发生联系才能产生作用，因

[①] 陈万柏、张耀灿：《思想政治教育学原理》第3版，北京：高等教育出版社，2015，第222页。

[②] 陈万柏、张耀灿：《思想政治教育学原理》第3版，北京：高等教育出版社，2015，第221~222页。

而在进行理论灌输时一定要联系实际，既要联系社会生活实际，引导人们运用马克思主义立场、观点和方法观察问题、分析问题、解决问题；更要联系受教育者的思想实际，有的放矢，坚持正面引导，以理服人。

3. **不断提高教育者的理论水平与实践能力**

马克思主义理论教育者要向受教育者有效灌输马克思主义理论，特别是中国化的马克思主义，首先得用这一理论武装好自己，要在完整准确地理解马克思主义理论内容体系和精神实质的基础上，更好地向受教育者传导科学理论，确保理论教育的有效开展。因此，我们必须采取多种方式加强对马克思主义理论教育者的培养，引导他们自觉学习和践行马克思主义理论和中国特色社会主义理论，从而提高其理论水平与实践能力。

（二）注重运用问题式教学法

灌输强调教育主体是马克思主义理论教育活动的发动者、组织者和实施者，凸显了马克思主义理论教育主体的重要作用和重大责任。问题式教学要求发挥受教育者的主体作用，改变"我说你听、我说你做"的教育方式，改变单向流动、僵硬单调的说教过程，坚持以问题为导向，引导受教育者发现问题、分析问题、思考问题，引导受教育者积极主动地接受马克思主义理论，并内化于心、外化于行。

1. **注重问题设计的针对性**

任何成功的教育都必须根据受教育者的特点选择恰当的教育方法，马克思主义理论教育中的问题设计，必须符合受教育者的年龄、心理和行为特征。例如，目前高校马克思主义理论的受教育者主要是"95后""00后"大学生，他们出生并成长于中国社会经济快速发展、社会信息化深入发展的时代，独特的成长环境和生活环境在他们身上打下了明显的时代印记，让他们具有强烈的平等意识和自我意识，希望能够跟老师和同学平等对话并表达自己的观点；他们乐于接受新事物，擅长通过互联网接收海量信息，但是明辨是非的能力有待进一步加强；他们兴趣广泛，敢于冲破陈腐观念，具有一定的求真创新意识和创新精神。高校马克思主义理论教育需要在充分了解当代大学生特点的基础上进行问题设计，要以学生期待和关心的问题为切入点，优化教学内容，把问题探究贯穿于课堂教学、实践教学以及网络教学等课程教学的各个方面，把问题研究贯穿于课前教师科研、备课，课堂研学讨论，课后交流互动、练习考核等课程教学各环节，循序渐进地引导学生在对问题的探究中掌握知识、学会思考、确立信仰。

2.注重问题内容的开放性

马克思主义理论教育要以知识为基础，但又不能仅仅停留于知识层面，而要通过以理论知识教育对受教育者进行价值观教育，并提高他们运用马克思主义分析问题和解决问题的能力。在马克思主义理论教育中，问题的设计不能仅仅以知识为本位，以知识为本位的问题往往是"请君入瓮"式提问，即教育者根据所讲授的知识点设计问题，答案是教科书中现成的，问题提出之后，教育者按照自己的设计思路将受教育者引导到教科书的"正确答案"中。这种"请君入瓮"式提问，对启发思想、培养能力来说，效果是不太理想的。因此，教育者不能拘泥于教科书的现成答案，要多提开放性问题，激发受教育者的学习兴趣，引导受教育者认真、全面、深刻地思考问题，在思考问题、分析问题中拓展思路、提高能力，增强理论认同与价值认同。

3.注重问题视角的新颖性

马克思主义理论教育要坚持因时而进，要注重引导受教育者在对现实问题、前沿问题的思考中学习理论、提高能力。马克思主义理论教育教学过程中的问题设计要把握马克思主义理论学科研究的理论前沿，要把问题与党的创新理论、最新理论成果相结合。教育者要通过提出问题、分析问题引导受教育者直面各种错误观点、错误思潮，并剖析这些错误观点、社会思潮的基本特征、理论基础和思想实质，在分析批判中传导主流意识形态。我们要辩证看待各种社会现实问题，坚持全面、客观、辩证地理性分析不同时期我国的各种社会现实问题，辨明大是大非、真假黑白，引导受教育者正确看待我国社会主义现代化建设的伟大成就、现实问题和努力方向。

（三）善于运用故事教学法

讲好中国故事是向世界各国展示我国形象的重要手段，也是学校教育的重要组成部分。将富有教育意义的故事作为教学资源引入课堂教学，是教学法的重要创新。美国卡内基梅隆大学斯坎克（Roger C. Schank）从学习方式视角对故事教学法进行了新探索，提出了"故事中心课程"，赋予了杜威"从做中学"教学理念新的时代内涵。故事教学法被广泛运用于课堂教学之中。在许多西方学者和政要看来，"中国领导人是讲故事高手"。如美国学者约瑟夫·奈（Joseph Nye）认为，习近平是"比较好的说故事的人"[1]，提出的中国梦非常具有吸引力。善于讲故事的实质是要通过讲故事讲道理。习近平总书记在全国学校思想政治理论课教师座谈会上明确指出，思政课教学"要注重启发式教育"[2]。"会讲故事、讲好故事十分重要，思政课就要讲好中华民族的故事、中国共产党的故事、中华人民共和国的故事、中国特色社会主义的故事、改革开放的故事，特别是要讲好新时代的故事。"[3] 马克思主义理论教育要善用讲故事的方式，以平实的语言、鲜活的内容、活泼的形式，讲好故事所蕴含的道理，通过故事传播马克思主义理论知识，促进情感交流、强化价值引领。

第一，在历史和现实的结合中讲好历史故事，阐释好中国特色社会主义的历史根基和文化底蕴。我们要运用历史叙事法讲好中华民族灿烂辉煌的历史文化，讲好中国共产党带领人民艰苦奋斗的百年历程和历史经验，讲清楚中国共产党和中国人民、中华民族的关系，引导青年学生自觉弘扬中华民族优秀传统文化、赓续红色血脉、传承红色基因。

第二，在理论和实践的结合中讲好时代故事，阐释好中国特色社会主义

---

[1] 黄滢：《软实力之父约瑟夫·奈接受本刊专访》，《环球人物》2013年第34期。
[2] 习近平：《思政课是落实立德树人根本任务的关键课程》，北京：人民出版社，2020，第22页。
[3] 习近平：《思政课是落实立德树人根本任务的关键课程》，北京：人民出版社，2020，第22~23页。

的发展奇迹和伟大成就。我们要立足新时代新发展阶段，讲好新时代中国共产党治国理政的故事、中国人民奋斗圆梦的故事，讲清楚中国共产党为什么能、中国特色社会主义为什么好与马克思主义为什么行的逻辑关系，引导青年学生坚定不移听党话跟党走。

第三，在国内和国际的结合中讲好中国故事，阐释好中国特色社会主义的制度优势和光明前景。我们要站在世界历史的高度，运用比较分析法，讲好"中国之治"与"西方之乱"的制度故事，讲清楚中国特色社会主义的制度优势、社会主义的生机活力与光明前景，引导学生牢固树立中国特色社会主义共同理想和共产主义远大理想。

二 同频共振：坚持隐性教育与显性教育相结合

习近平总书记在学校思想政治理论课教师座谈会上强调："坚持显性教育和隐性教育相统一。要挖掘其他课程和教学方式中蕴含的思想政治教育资源，实现全员全程全方位育人。"[1] 显性教育和隐性教育是学校马克思主义理论教育的两种基本模式。思政课是学校马克思主义理论教育的显性课程。"我们办中国特色社会主义教育，就是要理直气壮开好思政课。"[2] 其他课程是学校马克思主义理论教育的隐性课程。我们"要挖掘其他课程和教学方式中蕴含的思想政治教育资源，实现全员全程全方位育人"[3]，达到润物无声的效果。新时代的马克思主义理论教育，必须坚持显性教育和隐性教育相结合，协同推进思政课程与课程思政建设，发挥二者的优势与合力，实现同频共振，"努力形成全员育人、全程育人、全方位育人的格局"[4]。

---

[1] 习近平：《思政课是落实立德树人根本任务的关键课程》，北京：人民出版社，2020，第23页。
[2] 习近平：《思政课是落实立德树人根本任务的关键课程》，北京：人民出版社，2020，第23页。
[3] 习近平：《思政课是落实立德树人根本任务的关键课程》，北京：人民出版社，2020，第23页。
[4] 《习近平谈治国理政》第2卷，北京：外文出版社，2017，第376页。

（一）理直气壮开好思政课

思政课是落实立德树人根本任务的关键课程[①]，是体现"社会主义本质特征和要求的德育课程"[②]。思政课不是普通的知识教育与传播的课程，其本质特征在于"价值—信仰"教育，在于以培养一代又一代拥护中国共产党和我国社会主义制度、立志为中国特色社会主义事业奋斗终生的有用人才为根本目的。任何课程都承载着立德树人的根本职责，都以培养担当民族复兴大任的时代新人为根本目的，区别在于有些课程以显性方式进行，有些课程以隐性方式进行。思政课是以显性课程方式设置的课程形态，是直接为完成立德树人根本任务而设置的关键课程。思政课以马克思主义理论为指导，以培养大学生正确的世界观、人生观、价值观为主线，教育学生真学、真懂、真信、真用马克思主义，引导学生确立马克思主义信仰和树立中国特色社会主义共同理想。其他课程虽然也是以立德树人为根本目的，但主要是通过间接的方式提升学生的专业知识和实践能力，并渗透价值观引导，以隐性的方式塑造学生的世界、人生观和价值观，从而完成立德树人的根本任务。

我们要开好思政课，必须紧紧把握党中央对思政课作为立德树人"关键课程"的功能定位，突出思政课"为人民服务、为中国共产党治国理政服务、为巩固和发展中国特色社会主义制度服务、为改革开放和社会主义现代化建设服务"[③]的价值目标；在操作实施上必须牢固树立"以学生为中心"的理念，确立学生在教育教学过程中的主体地位，"围绕学生、关照学生、服务学生"[④]，遵循思想政治教育基本规律和学生成长规律，服务于学生的全面发展。我们要理直气壮开好思政课，必须坚守为党育才、为国育才的初心使命，坚持用习近平新时代中国特色社会主义思想铸魂育人，"强化

[①] 习近平：《思政课是落实立德树人根本任务的关键课程》，北京：人民出版社，2020，第2页。

[②] 骆郁廷：《高校思想政治理论课程论》，武汉：武汉大学出版社，2006，第39页。

[③] 《习近平：用新时代中国特色社会主义思想铸魂育人 贯彻党的教育方针落实立德树人根本任务》，http://dangjian.people.com.cn/n1/2019/0319/c117092-30983808.html。

[④] 《习近平谈治国理政》第2卷，北京：外文出版社，2017，第377页。

课堂主渠道作用，完善课程育人机制，发挥学生的主体性作用"[1]，不断增强思政课的思想性、理论性、亲和力和针对性，培养中国特色社会主义事业的建设者和接班人。我们要理直气壮开好思政课重点要抓好以下三个方面的工作。

1. 以配齐建强思政课教师队伍为关键

"办好思想政治理论课关键在教师，关键在发挥教师的积极性、主动性创造性。"[2] 我们要理直气壮开好思政课，必须把建强配齐思政课教师队伍作为第一要务，坚持按照"教育者本人一定是受教育的"[3] 原则，加强思政课教师队伍的培养培训。"四有好老师""四个引路人""四个相统一"是对教师综合素养的基本要求。思政课作为立德树人关键课程的功能定位，决定了对思政课教师在综合素养方面有新的更高的要求，即政治要强、情怀要深、思维要新、视野要广、自律要严、人格要正。[4] "六个要"从理想信念、家国情怀、思维方法、理论视野、纪律规矩、人格力量等方面，对新时代思政课教师提出了具体要求，指明了努力方向。我们要开好思政课，推动思政课高质量发展，必须以"六个要"为标准，加强思政课教师队伍建设，建设一支"乐为、敢为、能为的思政课教师队伍"[5]。

2. 以深化供给侧结构性改革为核心

我们要理直气壮开好思政课，增强思政课的思想性、理论性、亲和力和针对性，需要从供给侧方面下功夫，深化思政课供给侧结构性改革；只有不断优化思政课教学供给，通过不断提高教学供给效能，以高质量的教学供给精准满足学生的现实需求，实现供给侧与需求侧关系的协同，才能从根本上

---

[1] 李建、刘羽曦：《新时代高校思想政治理论课内涵式发展探析》，《思想政治课研究》2021年第3期。
[2] 《习近平谈治国理政》第3卷，北京：外文出版社，2020，第330页。
[3] 《马克思恩格斯文集》第1卷，北京：人民出版社，2009，第500页。
[4] 习近平：《思政课是落实立德树人根本任务的关键课程》，北京：人民出版社，2020，第9页。
[5] 李永菊、陈曦：《高等教育内涵式发展背景下思想政治理论课建设研究》，《学校党建与思想教育》2020年第6期。

解决教学供给与学生需求之间的矛盾，最终增强教学效果、实现立德树人的教育目标。我们要推动思政课供给侧结构性改革、实现精准供给离不开以下几个基本要求。首先，要精准掌握学生学习发展需求，运用大数据等技术手段精准把握"拔节孕穗期"[①]的学生成长规律与发展诉求，为促进教学供需协调提供重要参考；其次，精准选取思政课教学内容，坚持以学生成长发展需求和期待为导向，突出教学内容的理论性、时代性、实践性，实现由"粗放供给"到"精准供给"和"特色供给"的转变；最后，精心选取教学方法，适应信息化、智能化发展趋势，充分发挥智能技术的优势，不断创新教育教学模式和方法，推动思政课教学的智能化、精确化、个性化。

3.以高水平学科建设为支撑

学科建设是思政课高质量发展的基石和平台，根固则叶茂。我们要理直气壮开好思政课，必须发挥科学研究对课程的反哺作用、支撑作用。思政课以马克思主义理论学科为基础，其根本目的是把马克思主义理论研究的学术成果吸收好，讲清楚中国共产党为什么能、中国特色社会主义为什么好、马克思主义为什么行。只有不断推进马克思主义理论学科建设，凝练马克思主义理论学科方向，把马克思主义理论及其创新成果阐释好，既能增强马克思主义理论对现实问题的解释力，也能让人心服口服地理解和接受这三个"为什么"。

（二）润物无声：推进"三全育人"

思政课是马克思主义理论教育的显性课程，我们要理直气壮地讲，"要有惊涛拍岸的声势"[②]。但马克思主义理论教育也要注重隐性教育，发挥隐性教育内容渗透性强、形式灵活、载体多样、效果持久等特点和优势，润物细无声地实现育人目标。好的教育工作应该像盐，但不能光吃盐，好的教育方式形象地来说就是将盐溶解到各种食物中自然而然地被吸收。高校马克思

[①] 《习近平谈治国理政》第3卷，北京：外文出版社，2020，第329页。
[②] 习近平：《思政课是落实立德树人根本任务的关键课程》，北京：人民出版社，2020，第23页。

主义理论教育要坚持显性教育与隐性教育相结合，在推进思政课与其他专业课程、通识教育类课程同向同行中汇聚教育合力，在协同思政课教师与学校其他部门管理人员的过程中汇聚育人合力，在"思政小课堂"与"社会大课堂"的相互联动中实现同频共振，全员全程全方位、多维度系统推进学校育人体系的深度融合，盘活学校育人体系的教育存量，汇聚学校思想政治教育育人合力。①

1. 推动课程思政与思政课程同向同行

在常规的课程体系和培养计划中，专业课程的课堂教学课时要远超思政课的课堂教学课时。因此，我们要坚持以各种类型的专业课程为载体，深入挖掘各类专业课程中蕴含的丰富的思想政治教育资源，大力推进课程思政教学改革，充分发挥各门课程的育人作用。习近平总书记强调："其他各门课都要守好一段渠、种好责任田，使各类课程与思想政治理论课同向同行，形成协同效应。"② 在学校的课程体系中，思政课既具有通识教育的基础性和广博性，还具有鲜明的政治属性和意识形态属性，在课程体系中处于思想引领、价值引领的重要地位。高校教育一方面要充分发挥思政课的显性教育功能，以思政课引领其他专业课程；另一方面要充分挖掘各门专业课程中的思政元素和育人元素，从理念构建、组织设计、实施推进等不同环节着手，通过思政课教师与专业课教师结对子等方式，丰富教学内容、创新教学形式，切实把思想政治教育贯穿于课程教学全过程，推动其他各门课程与思政课程同向同行。

2. 汇聚学校全员育人的强大合力

学校思想政治教育工作是一个复杂的系统工程。《高校思想政治工作质量提升工程实施纲要》明确提出："充分发挥课程、科研、实践、文化、网络、心理、管理、服务、资助、组织等方面工作的育人功能，挖掘育人要素，完善育人机制，优化评价激励，强化实施保障，切实构建'十大'育

---

① 王爱莲、康秀云：《高校思想政治理论课内涵式发展的建设合力探析》，《广西社会科学》2021年第4期。
② 《习近平谈治国理政》第2卷，北京：外文出版社，2017，第378页。

人体系。""十大"育人体系涵盖多个责任主体，除思政课专任教师外，还包括高校其他专业课教师、党政干部和共青团干部、辅导员、班主任、心理健康咨询教师以及科研管理人员和后勤服务人员等。在高校思想政治教育的育人体系中，思想政治理论课是主渠道，日常思想政治工作是主阵地。我们要立足"十大"育人体系，推进"三全育人"工作，进一步明确思政课教师、日常思想政治工作者等在立德树人中的职责任务，明确不同岗位的工作重点和职责要求，找准工作中的薄弱环节和努力方向，充分发挥各自的优势和长处，全员性地开展灵活多样的大学生思想政治教育活动。在此基础上，我们要加强对育人主体的组织领导，加强不同育人主体之间的交流沟通，加强不同部门之间的协同合作，汇聚高校育人体系的合力，把"三全育人"工作向纵深推进。

3. 推动"思政小课堂"与"社会大课堂"的有机结合

马克思主义是实践的理论，是在实践中形成并不断发展的。高校马克思主义理论教育、思政课教学要高度重视实践性，注重"把思政小课堂同社会大课堂结合起来"[①]。习近平总书记指出："思政课不仅应该在课堂上讲，也应该在社会生活中来。""'大思政课'我们要善用之，一定要跟现实结合起来。上思政课不能拿着文件宣读，没有生命、干巴巴的。"[②] 我们要坚持显性教育与隐性教育相结合，必须贯彻"大思政"理念，带领学生走进田间地头、走进生活生产第一线，在社会生活中讲好思政课、开展马克思主义理论教育，以生动现实讲透科学理论、以鲜活实践讲清时事热点、以宏大时代讲好使命担当，坚持理论与实践的双向赋能，既用真理的力量引导学生，又用实践的伟力来启发学生，实现理论阐释的彻底性与实践展示的生动性有机结合；贯彻"大思政"理念，将"思政小课堂"与"社会大课堂"有机结合，充分利用广阔的社会空间和优质的社会载体弥补课堂教学的不足，并通过切身体验，引导学生将正确的理论知识内化为改造世界的

---

① 《习近平谈治国理政》第3卷，北京：外文出版社，2020，第331页。
② 杜尚泽：《"'大思政课'我们要善用之"（微镜头·习近平总书记两会"下团组"·两会现场观察）》，《人民日报》2021年3月7日。

能力，并在实践中厚植情怀、积累经验、增长才干，让学生在社会大课堂中成长与发展。

三 情理交融：坚持理论讲授与情感体验相结合

理论讲授法是马克思主义理论教育的常用方法，是教育者有目的、有计划地向受教育者进行马克思主义理论和中国特色社会主义理论体系教育，引导受教育者逐步树立正确的世界观、人生观、价值观的方法之一。① 理论讲授法作为马克思主义理论教育的主要方法，备受众多教育者的青睐，主要是因为其效能上的优势，即教育者通过精彩的理论讲授把教育教学涉及的大量新信息、新内容高效地传输给最为广泛的教育对象。然而，理论讲授法的显著特点是单向的教学交流，表现为教育者与受教育者间的相互作用较少，受教育者不容易沉浸其中，教育者也不能及时地获得受教育者的反馈信息，虽然适合于传递信息，但不利于最大限度地引导受教育者思考，如果运用不当，容易成为注入式或填鸭式教育教学。

马克思主义是科学的理论、实践的理论、开放的理论，也是人民的理论。马克思主义植根于人民、观照人民，是有情感有温度的理论。马克思主义理论教育既要讲道理也要讲情感，要坚持理论讲授与情感体验相结合，情理交融，全面提升受教育者的理性认识和情感共鸣。马克思指出："激情、热情是人强烈追求自己的对象的本质力量。"② 在马克思主义理论教育过程中，受教育者的情感因素虽然不直接参与对客观事物的认知过程，但对认知具有重要的调节功能。情感作为人对客观事物是否符合自身需要而产生的指向性心理体验，通过以肯定或否定、满意或不满意、热爱或憎恨、赞赏或厌恶等两极性心理状态表现出来，并转化为一定的情绪，对自身的认知活动起到积极或消极作用。积极的情绪情感可以使受教育者的大脑皮层处于兴奋状

---

① 陈万柏、张耀灿：《思想政治教育学原理》，北京：高等教育出版社，2015，第221页。
② 《马克思恩格斯文集》第1卷，北京：人民出版社，2009，第211页。

态，有助于受教育者开展联想、分析、判断、推理等一系列逻辑思维活动，从而发展想象力、接受教育内容、提高教学效果。因此，情感体验法尊重受教育者的人格主体地位，注重受教育者的个性特点与现实需要，有利于挖掘受教育者的潜能特质，进而培养受教育者的主动创造精神，提升教育效果。

（一）理论讲授与情感体验相结合的基本要求

体验是主体内在的知、情、意、行的亲历、体认与验证。[①] 情感体验作为人的一种即时感受，会作为记忆长存于人的心中，成为心灵财富的一部分，这正是情感体验的价值所在。在马克思主义理论教育过程中，教育的目的不只是让受教育者背诵抽象的概念和名词，而是使受教育者形成良好的思想政治品德，并在日常生活中践行。因此，在马克思主义理论教育过程中，教育者要创设情感体验的实践情境，引导受教育者积极参与、主动投身各种教育活动与实践活动，使受教育者在活动中以身体之、以心感之，获得深刻的情感体验，并在此基础上进一步理解观点、建构知识、发展能力、激发情感、生成意义，使受教育者终身受益。

1. 创设情境，引导受教育者获得情感体验

人的情感在一定情境中产生，并对人的认知和行为产生重要影响。受教育者要产生情感体验，需要教育者在教育过程中营造主题鲜明、引人入胜、动人心魄、寓教于乐的愉悦情境，满足受教育者求新、求异、求趣的心理需要，引导受教育者积极参与，在参与中获得情感体验，再升华为正确的思想观念。正如苏霍姆林斯基在《教育的艺术》一书中指出："课堂上一切困惑和失败的根子，在绝大多数场合下都在于教师忘记了：上课，这是教师和儿童的共同劳动。"[②] 即缺乏受教育者亲身参与、获得体验的教育注定是失败的教育。因此，教育者创设更多让受教育者亲身参与的教育情境，并提供恰当的帮助，使受教育者在自主、探究、合作的学习中获得情感体验，收获真

---

① 杨芷英：《思想政治教育心理学》第 2 版，北京：中国人民大学出版社，2019，第 218 页。
② ［苏］苏霍姆林斯基：《教育的艺术》，肖勇译，长沙：湖南教育出版社，1993，第 73 页。

理，是马克思主义理论教育的基本要求。

2. 通过语言唤醒受教育者的情感体验

语言是思想的直接现实，与思想内容紧密相连，生动形象的语言描绘能给受教育者以美的享受。心理学研究表明，优良的语言情境有利于形成和谐的教育情境，起到以境生情、以情助理、以理服人的作用。[①] 教育者用语言唤醒受教育者的内在情感有几个基本遵循。一要生动。生动的语言能够调动受教育者的情绪，活跃氛围，生动的语言也体现教育者的情感。"感人心者，莫先乎情。"唯有充满情感的语言才能打动人心。二要具体形象。具体形象的语言描绘可以使模棱两可的道理清晰化、深奥的道理浅显化，启发受教育者思考和联想，使其受到启迪。这也要求马克思主义理论教育者自身透彻领会真理，杜绝"以其昏昏，使人昭昭"，才能激发受教育者的情感。三要讲究描绘方法。教育者要善用比喻、对比、剖析等法，以物喻理、借古喻今、以小见大，将立体感的情境、生动的形象印刻在受教育者的脑海中，使其获得强烈的情态体验。

3. 重视需求，满足受教育者的情感体验

当前，很多受教育者拥有较高的知识水平和认知能力，有较高的价值追求。教育者创设的教育情境能否真正激发受教育者的情感体验，取决于教育者是否了解受教育者的基本状况，是否依据受教育者的知识、情感、态度、价值观进行创设；教育者创设的教育情境能否满足不同层次受教育者的需求，能否把不同类型的受教育者融入一定的情境之中。因此，教育者除了引领受教育者参与教学活动，通过讨论分析、心理陈述等唤醒受教育者的情感外，还要重视受教育者的需求，满足其情感体验，真正激发受教育者的学习动机、兴趣及意志情感，促进其思维开拓和创造能力的发挥，实现教育目的。

总之，理论讲授与情感体验相结合，旨在唤醒受教育者的情绪情感，强化受教育者的心理体验。只有这样才能使受教育者感同身受、如临其境，从

[①] 杨芷英：《思想政治教育心理学》第 2 版，北京：中国人民大学出版社，2019，第 217 页。

而使其思想被触动、心弦被拨动、心灵被撼动。马克思主义理论教育不仅要运用理论讲授传递信息,还要与情感体验相结合,使教育情足味浓、以情感人、以情传情。只有情境互动、情境一体、境中蕴情的教育,才能使受教育者在马克思主义理论教育中获得知识、转化思想、升华情感,实现理论认同和价值认同。

(二)理论讲授与情感体验相结合的实现途径

受教育者的情感体验不会自动生成,需要教育者精心设计,提供激发受教育者情感体验的实践情境,付诸真情创设良好的教育氛围,并引导受教育者对教育情境用心感受、正确认知,实现教育者与受教育者和谐互动,才能使受教育者有良好的情感体验,从而对教育内容和教育要求保持积极和肯定的态度。理论讲授和情感体验相结合的现实路径如下。

1. 广泛开展现场教学

现场教学法是指教员和学员同时深入现场,通过对现场事实材料的理解和研究,总结可供借鉴的经验和教训,或提出新的观点和解决问题的办法,从而提高学员运用理论认识问题、研究问题和解决问题能力的教学方法。[①] 现场教学法包括生产性、见习性、参观性的现场教学。其中,参观性现场教学是基于我国思想政治教育的需要,通过组织学员到具有教育意义的纪念园、博物馆、革命遗址等参观,对其进行集体主义和爱国主义等教育,以提高其思想政治素质。[②] 高校思想政治理论课中的现场教学法就是选取和社会现实密切联系的课程教学内容,通过在社会现实环境中设置现场教学课堂即现场教学基地,叠加运用实地参观法、情境教学法、案例分析法、专题教学法、背景透视法、情感教学法等多重教学手段,分析、解决问题,完成思想

---

① 参见刘纯明、李青蒿《高校思想政治理论课教学方法创新探索:现场教学法》,《重庆理工大学学报》(社会科学版)2013年第10期。
② 参见刘纯明、李青蒿《高校思想政治理论课教学方法创新探索:现场教学法》,《重庆理工大学学报》(社会科学版)2013年第10期。

政治理论课教育任务的综合型教学方法。① 现场教学法是在教学中融合理论讲授与情感体验的重要途径之一，教育者利用现场实物或细节资料，并以生动的语言描绘使受教育者对讲授的人物形象、故事情节产生真挚的情感体验，深入领悟真理思想的产生、发展及其所蕴含的价值意义，激发其对真理的共鸣与认同，实现教育目的。

2. 深入探索沉浸式教学

沉浸式教学起源于加拿大，最早在法语语言教学中实验，并获得巨大成功和发展。此后，沉浸式教学逐渐从一种语言教学模式发展为一种广泛适用的教学模式。沉浸式教学是指"教育教学工作者在施教过程中巧妙地运用多种教学手段，激发学生的学习兴趣，使学生进入一种'沉浸'体验的学习状态，从而提高教学水平与成效"② 的教学方式。沉浸式教学强调以受教育者为中心，基于受教育者的学习兴趣，在教学过程中综合运用多种教学方法，将教学内容活化为贴近受教育者生活实际的真实情境，用心营造受教育者乐于接受的教学情境和教学氛围，使其在轻松愉悦的状态下全身心地投入所要学习的内容中去，自觉接受知识、获得情感认同和价值认同，获得沉浸式的最佳体验。沉浸式教学是一种教与学的自然状态，能够实现教育者与受教育者共同投入心灵对话的状态，有效激发受教育者对于真理的理解，产生情感体验、提高学习兴趣、增强对理论学习的渴望，达到教育的理想状态。当前，沉浸式教学在马克思主义理论教育中仍存在一些问题。例如，情境创设不合理，马克思主义教育者对沉浸式教学法使用频率偏低，多数学校沉浸式教学法的实施条件亟待完善等。总体来看，马克思主义理论教育中存在使用沉浸式教学法的氛围不浓、教育者对沉浸式课堂的管控与驾驭处理不当、受教育者参与沉浸式课堂的主动性缺乏等问题，原因主要是教育者未能很好地根据学习程度进行教学设计、沉浸式教学评价体系不合理等，制约了沉浸

---

① 刘纯明、李青蒿：《高校思想政治理论课教学方法创新探索：现场教学法》，《重庆理工大学学报》（社会科学版）2013 年第 10 期。
② 余璐、周超飞：《论我国高等教育中的沉浸教学模式与实践》，《河南社会科学》2012 年第 6 期。

式教学法在马克思主义理论教育中的运用。

3. 不断加强体验式教学

关于体验式教学的理解，有的学者认为，体验式教学包括三层意义，即宏观上是一种教学理念，中观上是一种教学模式，微观上是一种具体的教学方法。① 其中，作为方法层面的体验式教学，"是以课堂教学活动、日常生活体验、参观考察、社会实践和旅游活动等实践活动为主要形式，以个体主动参与、亲身体验为特征，以直接经验为主要课程内容，所展开的教学活动"②。体验式教学法的核心在于受教育者的"体验"，受教育者是教育活动中不可或缺的主体，教育者则扮演着主导者的角色，充分激发受教育者的参与积极性，鼓励并指导受教育者深入到活动中，感悟反思教育者传授的理论及其理论所要求具备的品质，并能让这些品质内化于心，较好地运用到未来的实践生活中，实现教育目的。在马克思主义理论教育中，体验式教学是促进理论讲授与情感体验相结合的有效方法之一。体验式教学法如今广为人知，在学校思想政治教育中、党员党性教育中已被广泛应用。但是，体验式教学法的运用对马克思主义理论教育者提出了更高要求，对教学环境和教学条件也提出了更高要求。马克思主义理论教育者如何通过自身教育教学素养的提升，因时因地制宜地科学运用体验式教学法，是未来马克思主义理论教育者努力的重要方向。

四 多措并举：坚持主题教育与以文化人相结合

党的十八大以来，以习近平同志为核心的党中央在马克思主义理论教育实践中，坚持多措并举，既聚焦马克思主义理论教育中的主要矛盾与重点问题，分批次在全党范围内开展了不同主题的集中教育实践活动，又始终强调立足长远，构建常态化的马克思主义理论教育机制，提出

---

① 杨四耕：《体验教学》，福州：福建教育出版社，2005，第26页。
② 余双好：《关于思想政治理论课体验式教学的思考》，《思想教育研究》2012年第4期。

"以德治国、以文化人"①，为新时代马克思主义理论教育方法创新提供了遵循。

（一）以专题教育为认识和化解矛盾的突破口

开展专题教育是中国共产党加强马克思主义理论教育的重要经验。整风运动作为马克思主义专题教育的成功范例，收到了巨大成效。整风运动给我们留下了宝贵财富。第一，整风运动是为了总结和吸取历史上的经验教训，提高广大党员、干部尤其是党的高级干部的思想理论水平，增强党的凝聚力和战斗力。1942年2月，毛泽东先后作《整顿党的作风》和《反对党八股》的讲演。全党普遍整风的内容是反对主观主义、宗派主义、党八股以树立马克思主义的作风。② 整风运动"使全党尤其是党的高级干部对中国民主革命基本问题的认识达到在马克思列宁主义基础上的一致"③。"通过整风运动，实现了在以毛泽东同志为核心的党中央领导下全党新的团结和统一……延安整风运动所积累的经验对党的建设具有重大而深远的影响。"④ 第二，专题教育要认真谋划、重点聚焦、准备充分。整风运动是在党的高级干部和一般干部、普通党员两个层面开展，但重点聚焦于党的高级干部。毛泽东认为犯思想病最顽固的是高级干部，只要将多数高级及中级干部的思想打通了，保存党与军的骨干，那就算是胜利了。为此，党中央成立学习研究组，毛泽东亲自任组长；各地成立高级学习组，颁发高级学习组组织条例；学习的内容为阅读党的六大以来的历史文件，研究党的六大以来的历史，学习研究马克思列宁主义的思想方法论。中央书记处还编印了《马恩列斯思想方法论》和《六大以来》等学习文件，毛泽东亲自指定了4种学习资料。⑤ 整风运动的目的在于全面确立党的正确政治路线。高级干部是执行中

---

① 《习近平谈治国理政》，北京：外文出版社，2014，第170页。
② 本书编写组：《中国共产党简史》，北京，人民出版社、中共党史出版社，2021，第101页。
③ 本书编写组：《中国共产党简史》，北京，人民出版社、中共党史出版社，2021，第102页。
④ 本书编写组：《中国共产党简史》，北京，人民出版社、中共党史出版社，2021，第102页。
⑤ 王定毅：《延安整风运动对党的主题教育的启示》，http://dangshi.people.com.cn/n1/2018/0205/c85037-29805274.htm。

央路线的第一关,因此,抓好高级干部的教育,然后再一级抓一级、层层抓落实,就抓住了整个活动的重点。毛泽东认为:"主要是整高级干部(犯思想病最顽固的也是这些干部中的人),将他们的思想打通……那我们就算是胜利了。"① 第三,学习方法要灵活多样,要注重探索。从整风运动的形式和具体方法来看,"整风"是对"批判"和"灌输"这一理论教育一般形式的灵活运用;② "整风"在全党范围内使调查研究成为学习的基本方法;"整风"提倡"挤""钻"和"学到底"相结合的学习方法。③ 在建设中国特色社会主义的进程中,中国共产党致力于组织广大党员和人民群众深入学习和掌握马克思列宁主义、毛泽东思想、中国特色社会主义理论体系,在党员干部和群众中组织开展"五讲四美三热爱"教育、"三讲"教育、"科学发展观"教育、"保持党的先进性"教育等。改革开放以来的数次马克思主义集中教育活动丰富和发展了党的建设理论,形成了一套符合时代特点和自身特质的党内集中教育的有效方法,在集中教育实践的基础上中国共产党找到了一条不搞政治运动,通过正面教育来解决党内存在的突出问题的新道路。④

党的十八大以来,以习近平同志为核心的党中央把党风廉政建设紧紧抓在手上,连续开展了一系列专题教育活动,先是以"为民务实清廉"为主要内容的"群众路线实践教育",紧接着又开展了"三严三实"专题教育。2014年3月9日,在参加十二届全国人大二次会议安徽代表团审议时,习近平总书记对各级领导干部提出"既严以修身、严以用权、严以律己,又谋事要实、创业要实、做人要实"的要求。⑤ "三严三实"是中国共产党

---

① 《毛泽东文集》第3卷,北京:人民出版社,1996,第2页。
② 程伟:《延安整风时期的理论教育及其当代价值研究》,北京:中国社会科学出版社,2008,第165页。
③ 程伟:《中国共产党马克思主义集中教育活动的基本方法研究——以延安整风时期为例》,《河南理工大学学报》(社会科学版)2014年第4期。
④ 欧阳淞:《三次党内集中学习教育活动的回顾与思考》,《中国社会科学》2011年第4期。
⑤ 陈坚:《"三严三实"专题教育:新时代全面从严治党的一次集中"补钙"》,http://theory.people.com.cn/n1/2022/0718/c40531-32477763.html。

人最基本的政治品格和做人准则。2015年7月,中共中央组织部印发《关于认真学习贯彻习近平总书记重要指示精神 扎实推进"三严三实"专题教育的通知》,要求在县处级以上领导干部中开展"三严三实"专题教育;2015年12月28日,中共中央政治局召开专题民主生活会,对照检查践行"三严三实"情况讨论研究加强党风廉政建设措施,并提出要把党风廉政建设融入党的建设各项工作之中,从解决"四风"问题和领导干部不严不实问题延伸开去,使党的作风全面好起来。[①] 2016年,党中央又决定在全体党员中开展"学党章党规、学系列讲话,做合格党员"学习教育。党的十九大又提出,开展"不忘初心、牢记使命"主题教育。

2015年,习近平总书记在中央政治局第二十次集体学习时强调,要学习掌握事物矛盾运动的基本原理,不断强化问题意识,积极面对和化解前进中遇到的矛盾。[②] 实践证明,有的放矢事易成,无的放矢事难成。以上专题教育活动的鲜明特点是突出重点,抓住要害和关键。以上专题教育的开展都是突出整治党的作风问题,都是对党员和领导干部的集中"补钙"和"加油"。党的群众路线教育实践活动、"三严三实"专题教育、"两学一做"学习教育、"不忘初心、牢记使命"主题教育都有共同一个目标,就是通过抓住影响党的先进性和纯洁性的症结所在,开展具有针对性的教育。以党的群众路线教育实践活动为例,中共中央以反"四风"为突破口,以点带面,抓住了主要问题。对党的建设来说,作风建设是重中之重,党的作风关系着中国共产党治国理政的诸多问题。要实现"中国梦"和"两个一百年"的奋斗目标,中国共产党就必须保持同人民群众的血肉联系,充分调动最广大人民的积极性、主动性、创造性。在中国共产党成立95周年之际,中宣部等七部门联合印发《关于认真组织学习宣传〈中国共产党的九十年〉的通知》,强调要以纪念中国共产党成立95周年为契机,以社会主义核心价值

---

① 参见《中共中央政治局召开专题民主生活会》,http://www.xinhuanet.com/politics/2015-12/29/c_1117617951.htm。
② 严永泉:《领导干部要强化问题意识》,http://theory.people.com.cn/n/2015/0203/c40537-26500625.html。

观建设为根本，以理想信念教育为核心，以爱党爱国爱社会主义为主题，广泛组织开展群众性主题教育活动；① 在中国共产党成立100周年之际，中共中央办公厅印发了《关于庆祝中国共产党成立100周年组织开展"永远跟党走"群众性主题宣传教育活动的通知》。这都表明，中共中央在组织党内开展专题教育的同时，又推动了马克思主义理论教育从"关键少数"向绝大多数的拓展，从集中性教育向经常性教育的延伸，形成了新时代用新思想对全党上下进行理论武装的重要经验。

（二）以文化人实现教育的日常性和常态化

以文化人是一种以文化浸润的方式来培育、教化人的教育策略和原则。习近平总书记强调："努力用中华民族创造的一切精神财富来以文化人、以文育人。"② 习近平总书记对为何要以文化人、以文化人的文化要求、如何以文化人等问题都有过相关论述。这也为新时代的马克思主义理论教育提供了重要的方法论遵循。

1. 以文化人的必要性

第一，马克思主义的产生和发展都离不开人类文明的滋养。马克思主义产生于19世纪中期，细胞学说、能量守恒和转化定律、生物进化论这三大科学发现，揭示了自然界的普遍联系和永恒发展的图景，为新哲学的产生提供了自然科学的基础。在人类思想领域，德国古典哲学、英国的政治经济学和英法的空想社会主义又为马克思主义的产生提供了直接的理论来源。列宁说，马克思主义"绝不是离开世界文明发展大道而产生的一种故步自封、僵化不变的学说"③。在马克思主义由理论变成现实的过程中，也正是科学社会主义理论从一国到多国的实践，马克思主义不断地同特定的文化发生作用，从而具有了更加强大的生命力和有效的适用性。中国共产党人把马克思

---

① 《七部门印发通知要求开展建党95周年教育活动》，http://www.gov.cn/xinwen/2016-06/12/content_5081153.htm。
② 《习近平谈治国理政》，北京：外文出版社，2014，第164页。
③ 《列宁专题文集 论马克思主义》，北京：人民出版社，2009，第66页。

主义普遍真理与中国具体实际相结合，使它既具有马克思主义的一般科学特性，又具有扎根中华文化土壤的中国特色。马克思主义虽然源于西方，但它已在中国扎根。马克思主义理论教育的有效开展必须寻求文化的支撑以实现文以载道、以文化人的目的。"马克思主义基本原理必须同中国具体实际紧密结合起来，应该科学对待民族传统文化，科学对待世界各国文化，用人类创造的一切优秀思想文化成果武装自己。"①

第二，社会主义先进文化建设需要马克思主义的引领。我们的文化建设强调马克思主义的指导地位，这既是由马克思主义的科学性、阶级性和实践性决定的，也是由中国共产党的历史使命决定的。先进文化是凝聚和激励全国各族人民的重要力量，是综合国力的重要标志。习近平总书记指出："一个国家的文化软实力，从根本上说，取决于其核心价值观的生命力、凝聚力、感召力。"② 新时代的中国共产党人必须继续成为中国先进文化的积极引领者和践行者。2017 年，中共中央办公厅、国务院办公厅印发了《关于实施中华优秀传统文化传承发展工程的意见》（以下简称《意见》）。《意见》明确指出，对于中华优秀传统文化要"坚持创造性转化和创新性发展。坚持辩证唯物主义和历史唯物主义，秉持客观、科学、礼敬的态度，取其精华、去其糟粕，扬弃继承、转化创新，不复古泥古，不简单否定，不断赋予新的时代内涵和现代表达形式，不断补充、拓展、完善，使中华民族最基本的文化基因与当代文化相适应、与现代社会相协调"③。在当代中国的社会主义文化建设中，中华民族的文化复兴由于马克思主义的指导而导向正确，马克思主义是影响文化性质和方向的最深层次要素。

第三，人在本质上是文化的人。习近平总书记指出："人，本质上就是文化的人，而不是'物化'的人；是能动的、全面的人，而不是僵化的、

---

① 习近平：《在纪念孔子诞辰 2565 周年国际学术研讨会暨国际儒学联合会第五届会员大会开幕会上的讲话》，北京：人民出版社，2014，第 13 页。
② 《习近平谈治国理政》，北京：外文出版社，2014，第 163 页。
③ 《中共中央办公厅 国务院办公厅印发〈关于实施中华优秀传统文化传承发展工程的意见〉》，http://www.gov.cn/zhengce/2017-01/25/content_5163472.htm。

'单向度'的人。人类不仅追求物质条件、经济指标,还要追求'幸福指数';不仅追求自然生态的和谐,还要追求'精神生态'的和谐。"① 在此基础上,习近平总书记又进一步指出:"人类社会与动物界的最大区别就是人是有精神需求的,人民对精神文化生活的需求时时刻刻都存在。"② 也就是说,人在本质上是文化的人,提高人的精神境界、满足人的精神世界发展需求是实现人的本质的必然要求。有学者提出,马克思主义传入中国以后,人的改造就获得了马克思主义的解释,马克思主义作为人类文明成果,对人进行文化改造。

2. 以文化人的文化要求

以文化人之"文"是体现人类社会发展方向的、以马克思主义为指导的社会主义先进文化。习近平总书记指出:"发展中国特色社会主义文化,就是以马克思主义为指导,坚守中华文化立场,立足当代中国现实,结合当今时代条件,发展面向现代化、面向世界、面向未来的,民族的科学的大众的社会主义文化。"③ 总的来说,"民族的科学的大众的社会主义文化"④ 是马克思主义理论教育对"化"人之"文"提出的具体要求。

第一,马克思主义理论教育的"化"人之"文"要体现中国特色、中国风格、中国气派。中华民族在5000多年的文明进程中,形成了特有的信仰追求、价值准则和思维方式,并通过各种形式的文化传承和交流,形成了中华民族的灿烂文化宝库。马克思主义传入中国以后,中国人民在思想方面获得了极大的解放,为中华文化注入了更多的时代性和科学性要素。正如毛泽东所言:"自从中国人学会了马克思列宁主义以后,中国人在精神上就由被动转入主动。"⑤ 马克思主义理论教育的"化"人之"文"要坚持马克思主义的科学世界观和方法论,但蕴含5000多年的民族特色不能丢。在2014

---

① 习近平:《之江新语》,杭州:浙江人民出版社,2007,第150页。
② 《习近平谈治国理政》第2卷,北京:外文出版社,2017,第315页。
③ 《习近平谈治国理政》第3卷,北京:外文出版社,2020,第32页。
④ 《十七大以来重要文献选编》(下),北京:中央文献出版社,2013,第447页。
⑤ 《毛泽东选集》第4卷,北京:人民出版社,1991,第1516页。

年文艺工作座谈会上,习近平总书记提出:"努力创作生产更多传播当代中国价值观念、体现中华文化精神、反映中国人审美追求,思想性、艺术性、观赏性有机统一的优秀作品。"① 马克思主义理论教育运用独具中国特色、中国风格、中国气派的社会主义先进文化育人能拉近与受教育者的心理距离、灵魂距离。

第二,马克思主义理论教育的"化"人之"文"要体现马克思主义的"鲜明底色"。马克思主义是真理性与价值性的辩证统一。习近平总书记认为,马克思主义作为一个完备的思想体系,具有四个最基本特点:"马克思主义是科学的理论,创造性地揭示了人类社会发展规律";"马克思主义是人民的理论,第一次创立了人民实现自身解放的思想体系";"马克思主义是实践的理论,指引着人民改造世界的行动";"马克思主义是不断发展的开放的理论,始终站在时代前沿"②。马克思主义既体现了科学的思维方法和理论品质,又符合人类历史发展的价值追求。习近平总书记强调:"推动中华优秀传统文化创造性转化、创新性发展。"③ 但在讲到儒学等中国传统文化之时,习近平总书记又总是强调要坚持马克思主义立场、观点和方法,并特别强调要用历史唯物主义和辩证唯物主义的基本原理和方法对待传统文化,要对中国传统文化进行科学分析,有区别地对待、批判地继承。有学者这样评价习近平总书记的这一传统文化观,"这样就把马克思主义的指导思想地位与在历史实践中发展着的中国文化的生命主体、创造主体、接受主体地位有机地结合起来了,用马克思主义科学世界观指导对中国传统文化的批判继承、辩证取舍,同时又用中国传统文化精华充实和丰富中国化马克思主义的内涵"④。

第三,马克思主义理论教育的"化"人之"文"要体现人民性。中国

---

① 《十八大以来重要文献选编》(中),北京:中央文献出版社,2016,第123页。
② 习近平:《在纪念马克思诞辰200周年大会上的讲话》,北京:人民出版社,2018,第9页。
③ 习近平:《在教育文化卫生体育领域专家代表座谈会上的讲话》,北京:人民出版社,2020,第5页。
④ 方克立:《"马魂、中体、西用"是习近平文化思想的宗纲》,《思想理论教育导刊》2015年第5期。

共产党人的初心和使命就是为中国人民谋幸福，为中华民族谋复兴，人民立场是中国共产党的根本政治立场。中国特色社会主义文化要始终将人民作为文化的主体。在文化上，人民的主体地位体现在，文化要从外部维护人民的权力；文化着力于满足人民群众日益增长的、多层次多方面多样化的精神文化需求；文化的服务对象是人民群众，价值指向是提高人民群众的思想道德素质和科学文化水平，最终实现人的全面发展。在文化上，人民的主体地位还体现在，文化从内部塑造人民的主体性，人民群众是文化的形成主体，人民是文化的创新源泉、是文化的表现对象。在《在文艺工作座谈会上的讲话》和《在中国文联十大、中国作协九大开幕式上的讲话》等文献中，习近平总书记从全局与战略的高度回答了新时代中国文艺创造坚守"人民性"的重要意义和策略方针。习近平总书记强调，从本质上讲，社会主义文艺就是人民的文艺，广大文艺工作者"要虚心向人民学习、向生活学习，从人民的伟大实践和丰富多彩的生活中汲取营养。不断进行生活和艺术的积累，不断进行美的发现和美的创造。要始终把人民的冷暖、人民的幸福放在心中"①。

3. 以文化人的关键是"化"

以文化人就是要发挥社会主义先进文化的凝聚力、感召力和塑造力。以文化人有如下三个基本路径。

第一，要让文化在日常生活中教化人，做到润物无声。列宁在谈到共产主义思想的养成时指出："只有了解人类创造的一切财富以丰富自己的头脑，才能成为共产主义者。"② 列宁还批评那些过于直接的马克思主义教育方式。列宁指出："一个马克思主义者如果以为，被整个现代社会置于愚昧无知和囿于偏见这种境地的亿万人民群众（特别是农民和手工业者）只有通过纯粹马克思主义的教育这条直路，才能摆脱愚昧状态，那就是最大的而且是最坏的错误。"③ 最好的马克思主义理论教育方式不是贴着标签的"硬

---

① 《习近平谈治国理政》第 2 卷，北京：外文出版社，2017，第 317 页。
② 《列宁专题文集　论社会主义》，北京：人民出版社，2009，第 395 页。
③ 《列宁专题文集　论辩证唯物主义和历史唯物主义》，北京：人民出版社，2009，第 325 页。

灌",而是日常生活的"滴灌"。习近平总书记在主持中央政治局第十三次集体学习时强调:"要利用各种时机和场合,形成有利于培育和弘扬社会主义核心价值观的生活情景和社会氛围,使核心价值观的影响像空气一样无所不在、无时不有。"① 习近平总书记要求的"像空气一样"就是强调要把马克思主义理论教育渗透到日常生活的各个方面,通过日常生活中的文化熏陶,让人们在不知不觉中接受马克思主义世界观、人生观、价值观的引导。高校的马克思主义理论教育就是要把马克思主义的立场、观点、方法融入专业教学、融入研究宣传、融入社会实践、融入校园文化和网络文化建设,在大学校园中建立起既无处不在又真实有效的马克思主义理论教育长效机制。

第二,要用生动形象的文化载体教化人,提高教育的吸引力。中国共产党是一个善于运用各种文化载体进行思想教育的马克思主义政党。在延安时期,中国共产党曾经利用红军剧社进行过非常成功的民族教育、革命教育、马克思主义启蒙教育。1936年,美国记者埃德加·斯诺在延安实地考察数月,作为第一个进入中央苏区的外籍记者,他亲眼见证了红军剧社运用各类剧目给人民群众和红军战士带来的影响。埃德加·斯诺指出,红军剧社的剧目主要是抗日和革命两个中心主题,"红军占领一个地方以后,往往是红军剧社消除了人民的疑虑,使他们对红军纲领有个基本的了解……留下了最有永久价值的贡献,那就是他在成千上万的农民中传播了马克思主义。他们给穷人带来了打破中国古旧文化的束缚,以及进行深入的社会改革必须行动起来的新信念"②。以文化人是要把文化载体作为理论教育的重要手段,载体是否生动,是否为大众所喜爱和接受将直接决定以文化人的效果。2014年,在文艺工作座谈会上,习近平总书记对广大文艺工作者提出的要求是,要传播和弘扬社会主义核心价值观,在传播的过程中,要"把社会主义核心价值观生动活泼、活灵活现地体现在文艺创作之中,用栩栩如生的作品形象告诉人们什么是应该肯定和赞扬的,什么是必须反对和否定的"③。

---

① 《习近平谈治国理政》,北京:外文出版社,2014,第165页。
② [美]埃德加·斯诺:《红星照耀中国》,董乐山译,北京:人民文学出版社,2016,第111页。
③ 《十八大以来重要文献选编》(中),北京:中央文献出版社,2016,第134页。

第三，要用文化之美教化人，增强教育的感染力。在教育观念方面，我国传统教育提倡真善美为一体的教育理念。王国维指出："教育之宗旨何在？在使人为完全之人物而已。""完全之人物不可不备真善美之三德，预达此理想，于是教育之事起。教育之事亦分为三部：智育、德育（即意育）、美育（即情育）是也。"① 蔡元培先生作为教育家，在他几百万字的《蔡元培全集》中，最集中论述的有关教育的问题就是美育。美育是审美教育与情操教育、心灵教育的统一体。从文化的特点看，文化是丰富多彩的，也是能够通达心灵的。习近平总书记提出："艺术的最高境界就是让人动心，让人们的灵魂经受洗礼，让人们发现自然的美、生活的美、心灵的美。"② 这指出了艺术在美育中的重要作用，以及艺术应该承担的神圣使命。美育在生活中无处不在，人们在学习习近平总书记的系列讲话时，曾经热烈讨论过习近平总书记的语言风格。学者们研究发现，习近平总书记的语言通俗、亲民，讲话中穿插着中国古典文化的诗词、典故，优秀的传统文化元素让习近平总书记的语言充满了极强的感染力和亲和力。2017 年初，中央电视台隆重推出文化娱乐节目《中国诗词大会》（第二季）掀起了全民关注热潮，该节目以"赏中华诗词、寻文化基因、品生活之美"为宗旨，让广大电视观众感受到了中国古诗词的文字之美、音律之美、意境之美。对马克思主义理论教育来说，以文化人、以美育人就是要挖掘文化中美的元素来教化人，要"通过更多有筋骨、有道德、有温度的文艺作品，书写和记录人民的伟大实践、时代的进步要求，彰显信仰之美、崇高之美"③。

五　统筹推进：坚持"关键少数"与广泛参与相结合

马克思主义理论教育要突出辩证思维，就要求马克思主义理论教育工作者既要把握重点，又要注意统筹兼顾，在教育方法上既要注重总体谋划，又

---

① 梁启超、王国维等：《文化的盛宴》，北京：新世界出版社，2015，第 23 页。
② 《十八大以来重要文献选编》（中），北京：中央文献出版社，2016，第 135 页。
③ 《十八大以来重要文献选编》（中），北京：中央文献出版社，2016，第 122 页。

要注重牵住"牛鼻子"。马克思主义理论教育客体是相对于理论教育主体而言的，是马克思主义理论教育活动所指向的对象。在认识和对待教育客体问题上，要注重统筹兼顾，我们既要辩证地分析不同社会群体的历史地位，紧抓重点人群，抓住"关键少数"，注重马克思主义理论教育客体的先进性，又要坚持对全体人民开展普遍的马克思主义理论教育，把握教育客体的广泛性。

（一）"关键少数"：马克思主义理论教育对象的先进性

在实际工作中，我们既要讲两点论，又要讲重点论，如果没有主次，不加区别，是做不好工作的。2015年2月，习近平总书记在省部级主要领导干部学习贯彻党的十八届四中全会精神专题研讨班上特别提出了"关键少数"这一概念。他强调："各级领导干部在推进依法治国方面肩负着重要责任，全面依法治国必须抓住领导干部这个'关键少数'。"① 其后，习近平总书记在讲到领导干部要发挥关键作用、起带头作用时又多次提到"关键少数"。可见，习近平总书记主要是在突出重点群体的关键作用时使用了"关键少数"这个概念。在马克思主义理论教育问题上，习近平总书记也特别提出要抓住重点群体进行马克思主义理论教育，就是从这个意义上使用了"关键少数"的概念。总的来说，习近平总书记特别重视对领导干部、部队官兵、青年学生的马克思主义理论教育，将这几大群体视为马克思主义理论教育客体的"关键少数"。

1. 干部队伍建设需要培养"四铁"干部

党的十八大以来，中共中央先后组织开展了多次马克思主义专题教育，教育的主要对象是领导干部。2013年，中共中央部署开展党的群众路线教育实践活动，受教育对象以县处级以上领导机关、领导班子、领导干部为重点，活动的目的在于从思想上解决党员干部脱离群众的种种问题。2015年，中共中央组织在县处级以上领导干部中开展"三严三实"专题教育，提出

---

① 《习近平谈治国理政》第2卷，北京：外文出版社，2017，第126页。

"既严以修身、严以用权、严以律己；又谋事要实、创业要实、做人要实"的学习主题。2016年，习近平总书记对"两学一做"学习教育做出重要指示，要求"县处级以上党员领导干部要在学习教育中作出表率"①。在党的十九大上，习近平总书记又提出："以县处级以上领导干部为重点，在全党开展'不忘初心、牢记使命'主题教育。"② 以上四次马克思主义专题教育都强调要以领导干部为重点，其目的就是要让党员干部实现"自我净化、自我完善、自我革新、自我提高"，把领导干部的先锋形象树起来。

领导干部是执政兴国的各级骨干，在各个领域中发挥关键作用。各项工作要抓出成效，就必须抓住领导干部这个"关键少数"。习近平总书记强调："领导机关和领导干部做出样子，下面就会跟着来、照着做。各级领导机关和领导干部，尤其是中央机关和中央国家机关、高级领导干部要强化带头意识，时时处处严要求、作表率。"③ 2015年12月在全国党校工作会议上，习近平总书记又提出，实现全面建成小康社会的奋斗目标、实现中华民族伟大复兴的中国梦，"关键在于培养造就一支具有铁一般信仰、铁一般信念、铁一般纪律、铁一般担当的干部队伍"④。"四铁"标准是习近平总书记站在时代发展和战略全局的高度，对全面加强党员干部队伍建设提出的新要求。"铁一般信仰、铁一般信念"是"四铁"干部的重要支撑，共产党人的信仰就是马克思主义，共产党人的信念就是中国特色社会主义。要抓住"关键少数"引领绝大多数，领导干部就必须带头坚定理想信念、坚守精神家园，带头弘扬马克思主义价值观。2018年1月5日，习近平总书记在学习贯彻党的十九大精神研讨班的开班式上再次强调："中央委员会成员和省部级主要领导干部必须做到信念过硬，带头做共产主义远大理想和中国特色社会主义共同理想的坚定信仰者和忠实实践者。"⑤ 造就一支高素质的领导

---

① 《习近平谈治国理政》第2卷，北京：外文出版社，2017，第173页。
② 习近平：《决胜全面建成小康社会　夺取新时代中国特色社会主义伟大胜利——在中国共产党第十九次全国代表大会上的讲话》，北京：人民出版社，2017，第63页。
③ 《十八大以来重要文献选编》（上），北京：中央文献出版社，2014，第351页。
④ 习近平：《在全国党校工作会议上的讲话》，北京：人民出版社，2016，第5页。
⑤ 《习近平谈治国理政》第3卷，北京：外文出版社，2020，第72页。

干部队伍来带动绝大多数就迫切需要加强领导干部的教育培训,使领导干部的理想信念更坚定、党性修养更高。

对领导干部而言,良好的领导能力需要有战略思维、辩证思维、全局思维、创新思维。经过改革开放40多年的发展,中国的快速崛起与思维创新密不可分。领导思维的变革与创新,改变了中国,也改变了世界。邓小平要求:"使全党的各级干部,首先是领导干部,在繁忙的工作中,仍然有一定的时间学习,熟悉马克思主义的基本理论,从而加强我们工作中的原则性、系统性、预见性和创造性。"① 我们要增强工作的原则性、系统性、预见性和创造性离不开马克思主义的指导和方法教育,马克思主义理论教育就是要让领导干部养成科学的思维方法和工作方法。

习近平总书记对党员干部提出的"四铁"标准彰显了鲜明的政治性,政治性是党员干部的本质所在。党的十八大以来,习近平总书记多次强调,全党必须讲政治,干部要始终做政治上的明白人。坚持政治性,说到底就是要始终做到在思想上、政治上、行动上同党中央保持高度一致。理论成熟是政治成熟的基础,领导干部对马克思主义理论掌握的深度,直接影响和决定其政治敏感度、思维视野广度和思想境界高度。各级领导干部只有坚持不懈地学习党的基本理论,努力掌握马克思主义的立场、观点、方法,才能增强对坚持中国特色社会主义道路、中国特色社会主义理论体系、中国特色社会主义制度、中国特色社会主义文化的自觉性、坚定性,在政治上同党中央保持高度一致。

2.青年一代是国家核心竞争力的重要因素

不论何时,青年都是祖国的未来、民族的希望。从历史的视野看,在中华民族尚未找到民族独立的出路时,一代代热血青年不惜牺牲生命,积极探索"中国向何处去"的历史命题。从五四运动到"五卅"惨案,从井冈山到宝塔山,在实现中华民族伟大复兴的中国梦路上,青年从来没有缺席。习近平总书记对青年寄予殷切期望,他通过多种形式寄语青年。关于培养青年

---

① 《邓小平文选》第3卷,北京:人民出版社,1993,第147页。

成长成才问题,他还提供了诸多具体方法,他指导和激励青年坚定理想信念,练就过硬本领,积极投身实践。青年群体是习近平总书记关注的马克思主义理论教育的重要客体。

习近平总书记要求青年把自身的发展与国家的发展紧密结合在一起。他指出:"青年一代的理想信念、精神状态、综合素质,是一个国家发展活力的重要体现,也是一个国家核心竞争力的重要因素。"① 广大中国青年只有以勤学、修德、明辨、笃实的努力,才能在新时代继续诠释"少年智则国智,少年富则国富,少年强则国强,少年进步则国进步"② 的时代内涵。从价值观来看,青年群体的价值观具有强烈的社会导向和示范作用。"青年的价值取向决定了未来整个社会的价值取向"③,广大青年正处在价值观形成和确立的关键时期,重视和抓好这一时期的价值观塑造十分重要。为此,习近平总书记还提出了著名的"扣扣子"论,他说:"这就像穿衣服扣扣子一样,如果第一粒扣子扣错了,剩余的扣子都会扣错。人生的扣子从一开始就要扣好。"④ 为了塑造青年一代的价值观,习近平总书记指出:"努力把核心价值观的要求变成日常的行为准则,进而形成自觉奉行的信念理念。"⑤ 2014年,在五四青年节来临之际,习近平总书记到中国政法大学考察时指出:"当代青年要树立与这个时代主题同心同向的理想信念,勇于担当这个时代赋予的历史责任,在激情奋斗中绽放青春光芒、健康成长进步。"⑥ 习近平总书记的青春寄语,清晰标定青年之于国家和民族的分量,在广大青年心中引发强烈共鸣。⑦ 对青年群体来说,社会发展是一个历史过程,一代人有一代人的使命,当代青年所肩负的使命也将会是历史的、具体的。当代

---

① 《习近平关于青少年和共青团工作论述摘编》,北京:中央文献出版社,2017,第9页。
② 《习近平谈治国理政》,北京:外文出版社,2014,第181页。
③ 《习近平谈治国理政》,北京:外文出版社,2014,第172页。
④ 《习近平谈治国理政》,北京:外文出版社,2014,第172页。
⑤ 习近平:《青年要自觉践行社会主义核心价值观——在北京大学师生座谈会上的讲话》,北京:人民出版社,2014,第12页。
⑥ 《习近平关于青少年和共青团工作论述摘编》,北京:中央文献出版社,2017,第18页。
⑦ 人民日报评论员:《当代青年要与时代主题同心同向——论"在激情奋斗中绽放青春光芒"》,http://theory.people.com.cn/n1/2017/0505/c40531-29255359.html。

青年是中华民族伟大复兴中国梦的实践者和见证者。"青春梦"铸就"中国梦",中华民族的伟大复兴终将在广大青年的接力奋斗中变为现实。从另一个角度来讲,"青春梦"又离不开"中国梦"。青年只有把人生理想融入国家和民族的事业中,才能最终成就一番事业,脱离当代中国国情、脱离人民群众的伟大实践,青年的奋斗就会失去践行的组织基础和群众基础。

习近平总书记不仅指出了每个青年都应该树立与这个时代主题同心同向的理想信念,也指明了青年一代树立理想信念的具体路径。2013年5月4日,习近平总书记在同社会各界优秀青年代表座谈时,对青年提出了五点希望。这五点希望分别是"广大青年一定要坚定理想信念""广大青年一定要练就过硬本领""广大青年一定要勇于创新创造""广大青年一定要矢志艰苦奋斗""广大青年一定要锤炼高尚品格"①。同样是在这次座谈会上,习近平总书记指出:"广大青年要坚持用邓小平理论、'三个代表'重要思想、科学发展观武装头脑,把理想信念建立在对科学理论的理性认同上,建立在对历史规律的正确认识上,建立在对基本国情的准确把握上。"② 在习近平总书记看来,理想信念的建立离不开对中国特色社会主义的理论认同,离不开对历史唯物主义和党史、国情的正确理解。中国特色社会主义既坚持了科学社会主义的基本原则,又根据时代条件被赋予了鲜明的中国特色。当代青年必须在准确把握科学社会主义基本原则的基础上,牢固树立中国特色社会主义共同理想,为实现中华民族伟大复兴的中国梦而不懈奋斗。当然,马克思主义理论对青年科学思维的训练和养成也非常重要。"青年时期是培养和训练科学思维方法和思维能力的关键时期,无论在学校还是在社会,都要把学习同思考、观察同思考、实践同思考紧密结合起来。"③

总的来说,习近平总书记论证"中国梦"是青年运动的时代主题,强调青年要树立理想信念,要求青年积极培养社会主义核心价值观,提出青年要注重养成科学的思维方法和思维能力,都从重视青年发展的角度论证了对

---

① 《习近平谈治国理政》,北京:外文出版社,2014,第50~53页。
② 《习近平谈治国理政》,北京:外文出版社,2014,第50页。
③ 《习近平关于青少年和共青团工作论述摘编》,北京:中央文献出版社,2017,第56页。

青年群体开展马克思主义理论教育的重要意义。换句话说，青年群体是马克思主义理论教育的重要对象。

（二）"不忘多数"：马克思主义理论教育对象的广泛性

实现中华民族的伟大复兴是伟大而艰巨的事业，需要全体中华儿女众志成城、万众一心。马克思主义理论教育必须在把握领导干部、青年学生等重点群体的基础上，注重受教育者的广泛性。习近平总书记在不同场合分别谈到了对知识分子、农民、少年儿童等群体的马克思主义理论教育问题，并且，考虑到农民和少年儿童缺乏接受系统的马克思主义理论教育的科学文化基础，将主要教育内容确定为社会主义核心价值观教育和党的路线、方针、政策教育。

习近平总书记强调："广大知识分子要增强创新意识。"[1] 我国是工人阶级领导的、以工农联盟为基础的人民民主专政的社会主义国家，知识分子是工人阶级的一部分。随着经济的发展和社会的进步，我国的知识分子不仅队伍越来越壮大，其用知识的力量改变社会、影响社会的作用也在日益增强。2016年4月，习近平总书记在知识分子、劳动模范、青年代表座谈会上的讲话中指出："实现中华民族伟大复兴，必须依靠知识，必须依靠劳动，必须依靠广大青年。"[2] 习近平总书记指出，"勇立潮头、引领创新，是广大知识分子应有的品格"[3]，"天下为公、担当道义，是广大知识分子应有的情怀"[4]。党和政府应该高度尊重和信任知识分子。知识分子的文化水平比较高，这就决定了知识分子不仅能依靠自身的专业知识给社会和国家做出较大

---

[1] 习近平：《在知识分子、劳动模范、青年代表座谈会上的讲话》，北京：人民出版社，2016，第5页。

[2] 习近平：《在知识分子、劳动模范、青年代表座谈会上的讲话》，北京：人民出版社，2016，第2页。

[3] 习近平：《在知识分子、劳动模范、青年代表座谈会上的讲话》，北京：人民出版社，2016，第5页。

[4] 习近平：《在知识分子、劳动模范、青年代表座谈会上的讲话》，北京：人民出版社，2016，第5页。

贡献，较高的知识素养水平也是他们接受系统的马克思主义理论教育的优势条件。中国共产党人对知识分子开展系统的马克思主义理论教育，能为创新加油、给道义助力。

农民是我国人口数量最多的群体。乡村振兴是实现中华民族伟大复兴的一项重大任务。我国正处于并将长期处于社会主义初级阶段，这是我国的最大国情。社会经济的发展和社会主义现代化的推进，推动了农民大量转移就业，但是，现阶段农民是社会结构的基础阶层的状况并没有变，农民问题仍然是关系中国特色社会主义事业发展全局的根本性问题。党的十八大以来，以习近平同志为核心的党中央高度重视农村工作。习近平总书记有关"三农"的重要论述，讲得最多的就是农村扶贫问题。消除贫困、改善民生、实现共同富裕是社会主义的本质要求。习近平总书记提出："治贫先治愚……把贫困地区孩子培养出来，这才是根本的扶贫之策。"[1] 农村脱贫是个系统工程，农民要实现富裕必须从教育入手，要以基础教育和职业教育为切入点，这是当前做好农村工作的一个基本思想。做好农村工作的关键在农村基层党组织，农村基层党组织是党在农村全部工作的基础，是党联系广大农民群众的桥梁和纽带。党的十九大报告指出，要"把企业、农村、机关、学校、科研院所、街道社区、社会组织等基层党组织建设成为宣传党的主张、贯彻党的决定、领导基层治理、团结动员群众、推动改革发展的坚强战斗堡垒"[2]。基层党组织是乡村振兴的堡垒。在农民中开展马克思主义理论教育就要抓好农村基层党组织建设，要通过基层党组织在农民中宣传党的方针政策，在脱贫攻坚中带领农民科学发展，在开展义务教育、职业教育、党的理论教育和国家政策教育中凝聚群众，为实现中国梦奠定坚实的社会基石。

我们培育和践行社会主义核心价值观要从少年儿童抓起。任何一个思想观念要在全社会树立并长期发挥作用，都要从少年儿童抓起。新陈代谢是不可抗拒的历史规律，民族和国家的发展需要一代代人的接力奋斗。在接力奋

---

[1] 习近平：《做焦裕禄式的县委书记》，北京：中央文献出版社，2015，第24页。
[2] 《习近平谈治国理政》第3卷，北京：外文出版社，2020，第51页。

斗的过程中，价值观具有重要的导向作用。习近平总书记指出："爱国、敬业、诚信、友善的社会主义核心价值观，寄托着各族人民对美好生活的向往，只要是中国人，就应该自觉培育和践行社会主义核心价值观。"① 少年儿童更容易接受美好事物。"少年儿童的心灵都是敏感的，准备接受一切美好的东西"②。因此，对少年儿童开展社会主义核心价值观教育特别重要，"让社会主义核心价值观在少年儿童中培育起来，家庭、学校、少先队组织和全社会都有责任"③。在培育方式上，"要善于从点滴小事中教会孩子欣赏真善美、远离假丑恶"④。由于少年儿童的社会阅历还不多，对社会主义核心价值观的含义不一定能理解得很深，针对这一问题，习近平总书记特别提出："少年儿童如何培育和践行社会主义核心价值观呢？应该同成年人不一样，要适应少年儿童的年龄和特点。我看，主要是要做到记住要求、心有榜样、从小做起、接受帮助。"⑤ 对少年儿童来说，"由于大家还在学习阶段，社会阅历不多，对社会主义核心价值观的含义不一定能理解得很深，但只要牢记在心，随着自己年龄、知识、阅历不断增长，会明白得更多、更深、更透"⑥。

六 内外兼修：坚持教育与自我教育相结合

毛泽东指出："唯物辩证法认为外因是变化的条件，内因是变化的根据，外因通过内因而起作用。"⑦ 根据内因与外因辩证关系原理，在马克思主义理论教育中，教育是外因，自我教育是内因，而且在一定意义上，自我教育是马克思主义理论教育的决定性因素。因此，新时代的马克思主义理论教育，必须注重教育与自我教育相结合，做到内外兼修。如果只注重教育忽

---

① 《习近平谈治国理政》，北京：外文出版社，2014，第181页。
② 《习近平谈治国理政》，北京：外文出版社，2014，第182页。
③ 《习近平谈治国理政》，北京：外文出版社，2014，第184页。
④ 《习近平谈治国理政》，北京：外文出版社，2014，第184页。
⑤ 《习近平关于全面建成小康社会论述摘编》，北京：中央文献出版社，2016，第117页。
⑥ 《习近平谈治国理政》，北京：外文出版社，2014，第182页。
⑦ 《毛泽东选集》第1卷，北京：人民出版社，1991，第302页。

视自我教育，那么，马克思主义理论教育就会没有效果。教育与自我教育相结合作为马克思主义理论教育的基本方法，重点强调自我教育在马克思主义理论教育中的重要价值。在具体的教育实践中，教育与自我教育相结合突出表现为马克思主义理论教育主体的客体化和马克思主义理论教育客体的主体化。

（一）马克思主义理论教育主体的客体化

马克思主义理论教育主体的客体化是受教育客体的接受规律制约而对教育主体提出的要求，是"教育者必先受教育"[①]原则的实践要求。教育客体的接受规律制约主要体现在教育内容、教育的方式方法和心理情感三个基本方面。马克思主义理论教育主体的客体化内涵主要体现在以下方面。

第一，马克思主义理论教育主体要不断提高对马克思主义基本理论、马克思主义中国化最新理论成果的科学把握，增强解疑释惑的能力。作为一种教育活动，教育内容要融入时代特色、接近客观现实，才能更加容易被受教育者所接受，而不是知行分离、机械地影响受教育者。2015年，习近平总书记在全国党校工作会议上指出："党校是我们党对领导干部进行马克思主义理论教育的主阵地……特别是要把马克思主义中国化最新成果作为理论教育中心内容……希望党校聚焦党和国家中心工作、党委和政府重大决策部署、社会热点难点问题进行深入研究，及时反映重要思想理论动态，提出有价值的对策建议。"[②] 党校要成为党和国家的重要智库。在对党校教员的个体要求方面，习近平总书记提出："要实施党校系统'名师工程'，以学科学术带头人为主体，着力培养政治强、业务精、作风好的知名教师，培养造就一批马克思主义理论大家，一批忠诚于马克思主义、在学科领域有影响的知名专家。"[③] 在2016年的全国高校思想政治工作会议上，习近平总书记强

[①] 《十五大以来重要文献选编》（中），北京：人民出版社，2001，第885页。
[②] 习近平：《在全国党校工作会议上的讲话》，北京：人民出版社，2016，第21页。
[③] 习近平：《在全国党校工作会议上的讲话》，北京：人民出版社，2016，第24页。

调:"传道者自己首先要明道。"① 马克思主义理论教育主体要发挥好教育职能,就要做到"教育者先受教育"。明道,就是要求马克思主义理论教育的各执行主体认真学习马克思主义基本原理,学习中国特色社会主义理论,不断提高思想觉悟和理论水平。信道,就是要求马克思主义理论教育主体要坚定共产主义远大理想和中国特色社会主义共同信念,要真诚信仰马克思主义。对于教育主体来说,明道是基础、信道是关键、传道是根本。2017年11月,中共中央要求各级党委(党组)理论学习中心组要把学习党的十九大精神作为重点内容。在2017年11月1日下发的《中共中央关于认真学习宣传贯彻党的十九大精神的决定》中明确提出:"学习领会党的十九大精神,必须坚持全面准确,坚持读原著、学原文、悟原理,做到学深悟透;学习宣传党的十九大精神,既要整体把握、全面系统,又要突出重点、抓住关键。"②

第二,马克思主义理论教育主体要不断完善实践技能,使教育方式方法与教育客体的接受规律相匹配。在理论教育实践中,马克思主义理论教育主体如果对教育客体的认知规律、接受规律没有正确认知,就必然导致教育实践的盲目性。实践是主体和客体相互联系的桥梁,马克思主义理论教育主体与客体通过教育实践活动相互渗透、相互转化。理论教育主体按照马克思主义理论教育的目的和需要,在遵循教育客体属性的基础上对教育客体进行主观世界的改造。为了切实做好新形势下的马克思主义理论教育工作,面向广大人民群众的宣传教育工作队伍要着力正学风、改文风。新时代的科学技术发展水平则要求马克思主义理论教育主体"要运用新媒体新技术使工作活起来,推动思想政治工作传统优势同信息技术高度融合,增强时代感和吸引力"③。中共中央在安排宣传党的十九大精神时也强调,学习宣传贯彻党的十九大精神,要"着力增强吸引力感染力。要面向不同受众开展宣传,不断创

---

① 《习近平谈治国理政》第2卷,北京:外文出版社,2017,第379页。
② 《中共中央关于认真学习宣传贯彻党的十九大精神的决定》,http://www.gov.cn/zhengce/2017-11/02/content_ 5236647. htm。
③ 《习近平谈治国理政》第2卷,北京:外文出版社,2017,第378页。

新方式方法和平台载体，探索方法手段，努力增强学习宣传党的十九大精神的针对性实效性。坚持既严谨又生动，善于运用群众乐于参与、便于参与的方式，采取富有时代特色、体现实践要求的方法，在拓展广度深度上下功夫。充分运用新技术新应用创新媒体传播方式，不断增强宣传的实际效果"①。

第三，马克思主义理论教育主体要获取教育客体的情感认同。在马克思主义理论教育实践中，理论认同是根基，情感认同是动力。情感在教育中占有很重要的位置，情感认同是连接认知和行为的重要中间环节，具有行为驱动的精神动力价值。马克思主义理论教育实践中的情感认同表现为两种。一种是理论教育客体对理论本身的情感认同。具体来说，就是教育主体要让教育客体将马克思主义基本原理、中国化的马克思主义植根于自身的情感体系之中，并从心理上赞同和支持，同时引发其对中华民族的归属感和自豪感。在宣传舆论工作中，习近平总书记鼓励记者多深入基层、深入群众，及时发现和宣传基层干部先进典型。"要转作风改文风，俯下身、沉下心，察实情、说实话、动真情，努力推出有思想、有温度、有品质的作品。"② 这就是要让教育主体尽力创造能够激发广大人民群众情感的教育和宣传内容，以提高教育的实效性。另一种是理论教育客体对教育主体本身的情感认同。这种认同需要理论教育主体提高自身的修为。习近平总书记在北京大学师生座谈会的讲话中提出，广大教师要做"有理想信念、有道德情操、有扎实学识、有仁爱之心"③的"四有"好老师。"有理想信念"是对马克思主义理论教育主体在"信道"方面的要求，"有扎实知识"体现了知识育人的导向，"有道德情操""有仁爱之心"则是对理论教育主体的人格要求。教育主体要有人格魅力，才能增进与教育客体的感情和心理距离，保持理论教育主体与客体之间的良性互动。

---

① 《中共中央关于认真学习宣传贯彻党的十九大精神的决定》，http://www.gov.cn/zhengce/2017-11/02/content_ 5236647. htm。
② 《习近平谈治国理政》第 2 卷，北京：外文出版社，2017，第 333~334 页。
③ 习近平：《在北京大学师生座谈会上的讲话》，北京：人民出版社，2018，第 8 页。

（二）马克思主义理论教育客体的主体化

在马克思主义理论教育实践中，教育主体客体化的同时，也需要教育客体发挥主观能动性。从教育客体的基本属性来看，马克思主义理论教育客体既具有客体性，又具有主体性。马克思主义理论教育客体的主体性就是教育客体积极发挥主观能动性、主动创造条件，实现由理论教育客体向教育主体的转化。

第一，马克思主义理论教育客体具有受动性、受控性和可塑性。理论教育客体不依赖于教育主体的主观意识而存在，这是其客体性的表现。马克思主义理论教育客体的受动性是指理论教育客体是理论教育主体的作用对象，必然要接受理论教育主体对其施加的教育作用和影响；受控性是指理论教育客体在教育实践中始终受到主体的引导、支配和调控，处于从属的地位；可塑性则是指理论教育客体可以在教育主体的教育、影响和塑造下，在思想和行为上发生教育主体所希望达到的变化。在教育主体的引导下，教育客体自觉地进行自我学习、自我改进、自我提升，不断提高自身理论素养与思想道德素质。

第二，马克思主义理论教育客体又具有主体性。人虽然可以作为客体存在，但也不能忽视人的主体性。马克思指出："从前的一切唯物主义（包括费尔巴哈的唯物主义）的主要缺点是：对对象、现实、感性，只是从客体的或者直观的形式去理解，而不是把它们当做感性的人的活动，当做实践去理解，不是从主体方面去理解。"[①] 马克思主义的交往实践观要求我们对待实践和认识的客体不能像对待物质客体一样，而要从主体方面去理解。作为教育客体的人，是社会的人，又是自我的人，是具有主观能动性的人，能够把自己的实践活动作为客体加以认识和改造。一个人要实现他的主体性就必须投入具体的、现实的实践活动。在庆祝中国共产党成立95周年大会上的讲话中，习近平总书记要求："全党要以自我革命的政治勇气，着力解决党自身存在的突出问题，不断增强党自我净化、自我完善、自我革新、自我提

---

① 《马克思恩格斯文集》第1卷，北京：人民出版社，2009，第499页。

高能力。"① 在党的群众路线教育实践活动中,习近平总书记指出,教育实践活动"就是要自我净化、自我完善、自我革新、自我提高"②。在对青年学生的教育中,习近平总书记提出青年大学生要"勤学、修德、明辨、笃实"③。同样,中共中央的决策同样体现了对教育客体主体性作用发挥的强调,要求"实施大学生马克思主义自主学习行动计划,更好发挥理论学习骨干的引领作用和学生理论社团的带动作用,加强青年马克思主义者培养"④。中共中央对于农民的教育则要求农村基层党组织发挥战斗堡垒作用等。以上观点和举措都体现了要让马克思主义理论教育客体加强自我教育,这是对马克思主义理论教育客体发挥主体性的要求。

马克思主义理论教育主客体关系的转化是一个复杂的过程,互联网的发展使马克思主义理论教育的主客体关系变得愈加复杂。2016年,习近平总书记在网络安全和信息化工作座谈会上的讲话中指出:"互联网越来越成为人们学习、工作、生活的新空间,越来越成为获取公共服务的新平台。"⑤事实上,互联网向移动互联网的跃迁,以及智能手机平台上的移动互联网、电信网和电视网的三网融合,拓展了马克思主义理论教育的时空和疆界,也加快了网络理论教育主客体相互转化的速度。在移动互联网时代,理论教育主体可以快速地转化为教育客体,教育客体也可以快速地转化为教育主体,这就导致了理论教育主体和客体之间的界限非常模糊。与此同时,网络理论教育主体的主体性和理论教育客体的主体性相互交织,教育主体的主体性明显下降,而教育客体的主体性则不断增强,一降一增,使我们对网络理论教育主体和客体的认知难度增大。这是互联网时代对我们科学把握马克思主义理论教育规律提出的挑战,同时也很好地说明了坚持教育与自我教育相结合的重要性、必要性和可行性。

---

① 习近平:《在庆祝中国共产党成立95周年大会上的讲话》,北京:人民出版社,2016,第22页。
② 《十八大以来重要文献选编》(上),北京:中央文献出版社,2014,第327页。
③ 《十八大以来重要文献选编》(下),北京:中央文献出版社,2018,第481页。
④ 《十八大以来重要文献选编》(下),北京:中央文献出版社,2018,第481页。
⑤ 习近平:《在网络安全和信息化工作座谈会上的讲话》,北京:人民出版社,2016,第2页。

第六章
新时代马克思主义理论教育方法的实践样态

党的十八大以来，以习近平同志为核心的党中央从补足共产党人精神之"钙"、掌握"看家本领"、牢牢掌握意识形态领导权、巩固党和人民群众共同的思想基础等角度对马克思主义理论教育进行了明确定位和部署；始终强调用马克思主义理论武装全党、教育人民，既注重把握理论教育的重点人群，又注重教育对象的广泛性，其中，重点人群主要包括党员干部和青年学生。在中国共产党的坚强领导下，党员主题教育、学校思想理论教育、全社会的马克思主义理论宣传教育以及相关的对外宣传和国际传播活动等，共同绘就了新时代马克思主义理论教育实践的新篇章，深刻回答了新时代为什么要加强马克思主义理论教育、如何加强马克思主义理论教育等系列重大问题，展现出一张张新时代马克思主义理论教育别样鲜活的成绩单，在与党的理论创新的良性互动中推动了马克思主义理论教育方法的创新发展。

一　党员主题教育

中国共产党是一个领导着14亿多人口的长期执政的世界第一大执政党，担负着实现中华民族伟大复兴的历史使命。为了把党建设成为中国特色社会主义事业的坚强领导核心，我们党始终强调，治国必先治党，治党务必从严。党的十八大以来，以习近平同志为核心的党中央坚持全面从严治党，加强思想建党,把加强马克思主义理论教育作为思想建党的基础性工作,于不同时段在全体党员中开展不同主题的理论教育,帮助党员和干部从思想上正本清源,筑牢信仰之基,把稳思想之舵。

(一)主题教育概况

党的十八大以来,以习近平同志为核心的党中央始终坚持思想建党和制度治党同向发力,以"一柔一刚"两种途径加强全面从严治党。中国共产党始终坚持马克思主义信仰、共产主义的远大理想、中国特色社会主义共同理想,这是中国共产党人的精神支柱和政治灵魂,也是保持党团结统一的思想基础。自2012年党的十八大确定开展党的群众路线教育实践活动,到2021年中国共产党成立100周年之际在全党上下开展党史学习教育,其间的历次主题教育实践活动都是以加强党性和理想信念教育为核心。

1. 党的群众路线教育实践活动

党的十八大以来,党中央部署的第一个主题教育实践活动是党的群众路线教育实践活动。在新的历史起点上坚持和发展中国特色社会主义,必须清醒地看到,"我们党面临的执政考验、改革开放考验、市场经济考验、外部环境考验是长期的、复杂的、严峻的,精神懈怠危险、能力不足危险、脱离群众危险、消极腐败危险更加尖锐地摆在全党面前"[①]。这些问题让党中央深刻认识到,"全党要以自我革命的政治勇气,着力解决党自身存在的突出问题,不断增强党自我净化、自我完善、自我革新、自我提高的能力"[②]。为此,习近平总书记提出:"在全党开展以为民务实清廉为主要内容的党的群众路线教育实践活动。"[③] 中共中央对这次活动高度重视,不但进行了深入调研和周密准备,而且提出"决心以抓铁有痕、踏石留印的精神把活动

---

① 习近平:《在党的群众路线教育实践活动总结大会上的讲话》,北京:人民出版社,2014,第12页。
② 《习近平谈治国理政》第2卷,北京:外文出版社,2017,第43页。
③ 习近平:《在党的群众路线教育实践活动总结大会上的讲话》,北京:人民出版社,2014,第1页。

抓好"①。2013年6月,由中央党的群众路线教育实践活动领导小组办公室主办、人民网承办的党的群众路线教育实践活动官方网站——群众路线网开通。2013年7月,中央党的群众路线教育实践活动领导小组印发《关于做好第一批教育实践活动学习教育、听取意见环节工作的通知》(以下简称《通知》),正式启动了这一主题教育实践活动。《通知》要求,专题讨论重点围绕群众路线的时代内涵,围绕本地区本部门本单位"四风"具体表现和危害,围绕为民务实清廉的具体要求等进行研讨,解决世界观、人生观、价值观的根本问题。党的群众路线教育实践活动由中央政治局带头在全党自上而下分两批有序开展,从2013年6月开始,到2014年9月底基本结束。第一批活动在省部级领导机关和副省级城市机关及其直属单位、中管金融企业、中管企业、中管高等学校开展;第二批活动在省以下各级机关及其直属单位和基层组织开展。②

2. "三严三实"专题教育

"三严三实"专题教育是党中央部署的第二个主题教育实践活动,这一主题教育实践活动的目的是在党的群众路线教育实践活动基础上,进一步升华作风建设。2014年10月8日,习近平总书记在党的群众路线教育实践活动总结大会上既总结了教育实践活动取得的成绩,又对主题教育的后续开展提出了新要求,"各级干部特别是领导干部要按照'三严三实'要求,深学、细照、笃行焦裕禄精神,努力做焦裕禄式的好干部"③。这一要求是"三严三实"专题教育实践活动规划的初步提出。2014年3月9日,在参加十二届全国人大二次会议安徽代表团审议时,习近平总书记就对各级领导干部提出"既严以修身、严以用权、严以律己,又谋事要实、创业要实、做人要实"的要求。党的群众路线教育实践活动开展以来,党风政风得到明

---

① 习近平:《在党的群众路线教育实践活动总结大会上的讲话》,北京:人民出版社,2014,第1页。
② 《党的群众路线教育实践活动取得实实在在成效形式主义、官僚主义、享乐主义和奢靡之风得到有效整治》,《人民日报》2014年10月8日。
③ 习近平:《在党的群众路线教育实践活动总结大会上的讲话》,北京:人民出版社,2014,第24页。

显改善。但是,"四风"还没有根除,要求不严的问题、作风不实的问题是党员干部不良作风的突出表现。2015年5月,由中央组织部主办、共产党员网承办的"三严三实"专题教育官方网站——"三严三实"专题教育网开通。2015年7月,中共中央组织部印发通知,对认真学习贯彻习近平总书记重要指示精神、扎实推进"三严三实"专题教育提出要求。习近平总书记强调,在县处级以上领导干部中开展"三严三实"专题教育。2015年12月28日至29日,中共中央政治局召开专题民主生活会,对照检查践行"三严三实"情况讨论研究加强党风廉政建设措施。① "严"是懂规矩、守底线、拒腐蚀、永不沾等严明的纪律要求;"实"是一切从实际出发、理论联系实际、实事求是、在实践中检验真理和发展真理的思想路线。"三严三实"彰显马克思主义执政党的政治品格。通过上下共同努力,"三严三实"专题教育成果显著,各级领导干部在思想作风、党性上补了"钙"、加了"油"。

3. "两学一做"主题教育

"两学一做"主题教育是党中央部署开展的第三个主题教育实践活动。这一主题教育实践活动的开展,目的是要推动全面从严治党向基层延伸,其主要做法是在巩固拓展前两个专题教育成果的基础上,进一步解决党员队伍在思想、组织、作风、纪律等方面存在的问题,保持和提升党的先进性和纯洁性。2016年2月,中共中央办公厅印发《关于在全体党员中开展"学党章党规、学系列讲话,做合格党员"学习教育方案》,该方案强调,"两学一做"学习教育不是一次活动,要突出正常教育,区分层次,有针对性地解决问题,依托"三会一课"等党的组织生活制度,真正把党的思想政治建设抓在日常、严在经常。组织开展"两学一做"学习教育是支部的主体责任,学习教育以尊崇党章、遵守党规为基本要求,以用习近平总书记重要讲话精神为根本任务,坚持基础在学、关键在做,着力解决突出问题。"两学一做"主题教育推动了党内教育从"关键少数"向广大党员拓展、从集

---

① 《中共中央政治局召开专题民主生活会》,http://www.xinhuanet.com/politics/2015-12/29/c_1117617951.htm。

中性教育向经常性教育延伸。2017年3月，中共中央办公厅印发《关于推进"两学一做"学习教育常态化制度化的意见》指出，推进"两学一做"学习教育常态化制度化，是坚持思想建党、组织建党、制度治党紧密结合的有力抓手，是不断加强党的思想政治建设的有效途径，是全面从严治党的战略性、基础性工程。①

4."不忘初心、牢记使命"主题教育

"不忘初心、牢记使命"主题教育是党的十八大以来党中央部署开展的第四个主题教育实践活动。2017年10月，党的十九大报告指出："在全党开展'不忘初心、牢记使命'主题教育，用党的创新理论武装头脑，推动全党更加自觉地为实现新时代党的历史使命不懈奋斗。"② 2019年是新中国成立70周年，也是中国共产党在全国执政的第70个年头。作为百年大党，如何永葆先进性和纯洁性、永葆青春活力，如何永远得到人民的拥护和支持？这是在全体党员中深入开展主题教育的主要目的。2019年5月，中共中央政治局召开会议对全党开展这次主题教育进行动员部署。会议决定自2019年6月起，在全党自上而下分两批开展"不忘初心、牢记使命"主题教育。习近平总书记指出："开展这次主题教育，是党中央统揽伟大斗争、伟大工程、伟大事业、伟大梦想作出的重大部署，对统筹推进'五位一体'总体布局、协调推进'四个全面'战略布局，决胜全面建成小康社会、夺取新时代中国特色社会主义伟大胜利、实现中华民族伟大复兴的中国梦，具有重大而深远的意义。"③ 2019年10月，习近平总书记在第十九届中央委员会第四次全体会议上的讲话指出："我们坚持以科学理论引领全党理想信念，建立不忘初心、牢记使命的制度。"④ 这为党在推进国家治理体系和治理能力现代化的进程中，以规范化的制度形式确认了"不忘初心、牢记使命"主题教育在党的治国理政中的重要性。2020年1月8日，"不忘初心、

---

① 《十八大以来重要文献选编》（下），北京：中央文献出版社，2018，第671页。
② 《十九大以来重要文献选编》（上），北京：中央文献出版社，2019，第45页。
③ 《十九大以来重要文献选编》（中），北京：中央文献出版社，2021，第108页。
④ 《习近平谈治国理政》第3卷，北京，外文出版社，2020，第546页。

牢记使命"主题教育总结大会在北京召开。习近平总书记强调："全党要以这次主题教育为新的起点，不断深化党的自我革命。"①

5. 党史学习教育

开展党史学习教育是党的十八大以来党中央部署开展的第五个主题教育实践活动。本次主题教育实践活动同样经历了从动员到部署安排再到总结的过程。2021年2月20日，党史学习教育动员大会在北京召开，习近平总书记强调："把党史学习教育同党和国家中心工作紧密结合起来，同统筹疫情防控和经济社会发展紧密结合起来，同动员人民群众创造美好生活紧密结合起来，以昂扬姿态奋力开启全面建设社会主义现代化国家新征程，以优异成绩迎接建党一百周年！"② 在全党开展党史学习教育，是以习近平同志为核心的党中央在中国共产党成立100周年之际，立足百年党史新起点、着眼开创事业发展新局面做出的一项重大战略决策。党中央对党史学习教育高度重视、精心组织。2021年2月24日，党史学习教育领导小组印发《关于认真学习贯彻习近平总书记在党史学习教育动员大会上的重要讲话的通知》；2021年2月26日，中共中央印发《关于在全党开展党史学习教育的通知》；2021年3月，党史学习教育官网正式上线，官方微信公众号"党史学习教育"同步推出。党史学习教育的对象是全体党员，其重点教育对象是县处级以上的领导干部。党史学习既强调开展专题学习，组织宣传、宣讲，召开主题民主生活会、组织生活会，也强调开展"我为群众办实事"实践活动。为了推动和督促实践活动的深入开展，2021年9月，党史学习教育领导小组印发《关于深入推进"我为群众办实事"实践活动的通知》；2021年10月，党史学习教育领导小组印发《关于充分发挥基层党组织战斗堡垒作用和党员先锋模范作用 进一步深化党史学习教育"我为群众办实事"实践活动的通知》。这两个通知就充分发挥基层党组织战斗堡垒作用和党员先锋模范作用，进一步深化党史学习教育而开展"我为群众办实事"等实践活

---

① 习近平：《在"不忘初心、牢记使命"主题教育总结大会上的讲话》，北京：人民出版社，2020，第10页。

② 习近平：《在党史学习教育动员大会上的讲话》，北京：人民出版社，2021，第27页。

动都提出了明确要求。党史学习教育总结会议于 2021 年 12 月 24 日在北京召开,党中央从政治和全局的高度充分肯定了党史学习教育的显著成效和重大成果,对深入学习贯彻党的十九届六中全会精神、推动党史学习教育常态化长效化提出了明确要求。2022 年 1 月,习近平总书记在省部级主要领导干部学习贯彻党的十九届六中全会精神专题研讨班开班仪式上发表重要讲话,强调继续把党史总结学习教育宣传引向深入,更好把握和运用党的百年奋斗历史经验。[①]

(二)主题教育的方法论遵循

党员主题教育实践的具体方法主要强调三个方面。一是强调在学懂弄通做实上下苦功夫。党员主题教育实践要求全体党员要通读、精读经典文献和习近平总书记的重要论述,理论学习的同时要结合开展"我为群众办实事"实践活动。二是强调发挥"两微一端"等新媒体的优势。主题教育不仅要组织党员在线学习,而且要注重线上线下相结合的教学方式。三是继续发扬批评和自我批评的传统方法,让批评和自我批评继续作为"保持党的肌体健康的有力武器"[②]。主题教育的具体要求体现了马克思主义方法论的思想指导,也是马克思主义理论教育的一般方法论的实现形式。从一般方法论层面来看,党员主题教育重点体现了聚焦突出问题、抓住"关键少数"、把握时间节点、注重循序渐进等一般要求。

1. 教育内容聚焦突出问题,设定教育主题

马克思主义理论博大精深,对党员干部开展马克思主义理论教育要有实效,就必须突出重点、聚焦问题。习近平总书记反复强调:"伤其十指,不如断其一指。"[③] 2015 年,习近平总书记在主持中央政治局第二十次集体学

[①] 《习近平在省部级主要领导干部学习贯彻党的十九届六中全会精神专题研讨班开班式上发表重要讲话强调 继续把党史总结学习教育宣传引向深入 更好把握和运用党的百年奋斗历史经验》,《人民日报》2022 年 1 月 12 日。
[②] 《十八大以来重要文献选编》(中),北京:中央文献出版社,2016,第 97 页。
[③] 《十八大以来重要文献选编》(中),北京:中央文献出版社,2016,第 89 页。

习辩证唯物主义基本原理与方法论时指出:"要学习掌握事物矛盾运动的基本原理,不断强化问题意识,积极面对和化解前进中遇到的矛盾。"① 以习近平同志为核心的党中央从一开始就把党风廉政建设紧紧抓在手上,以反"四风"为突破口,以点带面,坚定不移把党风廉政建设和反腐败斗争引向深入。为什么要聚焦党的作风问题?这是因为党的作风就是党的形象,它关系人心向背,关系党的生死存亡。第一,"如果管党不力、治党不严,人民群众反映强烈的党内突出问题得不到解决,那我们党迟早会失去执政资格"②。作为一个在中国长期执政的执政党,中国共产党经受着长期执政、改革开放和发展社会主义市场经济等诸多考验。习近平总书记指出:"党内脱离群众的现象大量存在,集中表现在形式主义、官僚主义、享乐主义和奢靡之风这'四风'上。"③ 面对以上情况,党中央决定"要对作风之弊、行为之垢来一次大排查、大检修、大扫除"④。所以,党中央部署的五次教育实践活动的主要任务都聚焦到了作风建设上。第二,"办好中国的事情,关键在党"⑤。执政党有什么样的精神状态,国家就展示什么样的状态;执政党有什么样的作风,社会就呈现什么样的风气。党的作风关系中国共产党治国理政的诸多问题。要实现"中国梦"和"两个一百年"的奋斗目标,中国共产党必须保持同人民群众的血肉联系,充分调动最广大人民的积极性、主动性、创造性。习近平总书记在党的群众路线教育实践活动总结大会上的讲话强调:"这次活动的重点是促使全党更好执行党的群众路线,而当前影响执行党的群众路线的要害是作风问题,必须突出改进作风这个主题。而作风又有很多方面,需要进一步聚焦,我们就聚焦到形式主义、官僚主义、享

---

① 《中央政治局新年首次集体学习辩证唯物主义》,http://www.xinhuanet.com/politics/2015-01/26/c_127420803.htm。
② 《习近平谈治国理政》第2卷,北京:外文出版社,2017,第43页。
③ 《十八大以来重要文献选编》(上),北京:中央文献出版社,2014,第310页。
④ 《十八大以来重要文献选编》(上),北京:中央文献出版社,2014,第324页。
⑤ 《习近平谈治国理政》第4卷,北京:外文出版社,2022,第8页。

乐主义和奢靡之风这些群众反映强烈的突出问题上。"① "三严三实"专题教育指明，要着力解决理想信念动摇，信仰迷失、精神迷失、宗旨意识淡漠，忽视群众利益，党性修养缺失，不讲党的原则问题。总之，党的十八大以来的主题教育实践活动都聚焦主题、紧扣主线，确保了党内集中教育不走神。

2. 教育对象有重点，先抓党员干部再到全体党员

马克思主义哲学方法论指导我们，在实际工作中，要注重辩证法，既要讲两点论，又要讲重点论，没有主次、不加区别、不讲辩证法是做不好工作的。主题教育开展中要求"领导机关和领导干部要先学一步、学深一点，先改起来、改实一点"②。这是因为领导干部是执政兴国的各级骨干，在各个领域中发挥关键作用。各项工作要抓出成效，就必须抓住领导干部这个"关键少数"。领导干部要掌握好"看家本领"必须学好马克思主义理论，尤其是马克思主义哲学。"领导带头、层层示范，是做好各项工作的重要方法。"③ "领导机关和领导干部做出样子，下面就会跟着来、照着做。"④ 领导干部具有示范作用，要抓住"关键少数"引领绝大多数。为此，党的十八大以来，中共中央先后部署、组织开展的多次主题教育，教育对象主要集中在领导干部。党的群众路线教育实践活动的教育对象"以县处级以上领导机关、领导班子、领导干部为重点"⑤；"三严三实"专题教育要求在县处级以上领导干部中开展；"两学一做"学习教育启动时，习近平总书记要求县处级以上党员领导干部做出表率；在党的十九大上，习近平总书记明确要求"以县处级以上领导干部为重点，在全党开展'不忘初心、牢记使命'主题教育"⑥；党史学习教育强调教育是面向全体党员的，但重点还是县处

---

① 习近平：《在党的群众路线教育实践活动总结大会上的讲话》，北京：人民出版社，2014，第7页。
② 《十九大以来重要文献选编》（中），北京：中央文献出版社，2021，第116页。
③ 习近平：《做焦裕禄式的县委书记》，北京：中央文献出版社，2015，第43页。
④ 《十八大以来重要文献选编》（上），北京：中央文献出版社，2014，第351页。
⑤ 《习近平谈治国理政》，北京：外文出版社，2014，第378页。
⑥ 习近平：《决胜全面建成小康社会 夺取新时代中国特色社会主义伟大胜利——在中国共产党第十九次全国代表大会上的报告》，北京：人民出版社，2017，第63页。

级以上的领导干部。总之，多次主题教育活动都强调要以领导干部为重点，注重以上率下，其目的就是要把领导干部的先锋形象树起来，"以'关键少数'示范带动'绝大多数'，精心组织谋划、推动落实责任，做到了一贯到底、落实落地"①。

3. 把握重要时间节点，确定特定教育主题

党先后开展党的群众路线教育实践活动、"三严三实"专题教育、"两学一做"学习教育、"不忘初心、牢记使命"主题教育、党史学习教育等，要解决的主要问题是党的作风问题，贯穿的一条理论教育主线是党性教育和理想信念教育。为了增进教育实效，党在聚焦问题的同时，还注重把握重要历史时间节点，确定与之契合的教育主题。在治国理政实践中重视和强调时间节点的意义是我们党的优良传统。例如，强调国民经济和社会发展的"五年规划"、"两个一百年"的奋斗目标、全面建成小康社会的关键之年（2019年）、决胜全面建成小康社会的"收官之年"（2020年）等。2017年10月，习近平主席在同中外记者见面时指出："这其中有一些重要的时间节点，是我们工作的坐标。"② 在实践工作中，抓住时间节点，能够在突出工作重点的同时，继往开来。理论教育的开展因时而进，对特定历史时间节点的运用和强调能产生更深远的教育影响。重大的历史事件蕴含着重大的历史意义，利用重要时间节点开展理论教育有利于实现时空、内容、载体的有效整合。利用中华民族、中国共产党伟大奋斗中的一些重大历史事件，适时建构起氛围浓厚的社会大课堂，能更好地唤醒历史记忆、形成理论认同、塑造价值认同。为此，在新中国成立70周年之际，我们党开展"不忘初心、牢记使命"教育；在建党100周年之际，开展党史学习教育。中华人民共和国成立70周年，也是我们党在全国执政的第70个年头；党成立100周年，也是实现第一个百年奋斗目标，向第二个百年奋斗目标进军之年。中国共产党在这样重要的时间节点举办主题鲜明的理论教育实践活动，既能传授理论

---

① 习近平：《在"不忘初心、牢记使命"主题教育总结大会上的讲话》，北京：人民出版社，2020，第6~7页。
② 《习近平谈治国理政》第3卷，北京：外文出版社，2020，第66页。

知识，又能激发爱国情怀，具有明确的理论教育导向。2019年、中共中央、国务院印发《新时代爱国主义教育实施纲要》强调，要"充分挖掘重大纪念日、重大历史事件蕴含的爱国主义教育资源，组织开展系列庆祝或纪念活动和群众性主题教育"，"发挥传统和现代节日的涵育功能"[①]。这个具体要求虽然是从爱国主义教育角度提出的，但从方法论层面看，发挥重要历史时间节点的教育功能是我们党在长期的思想教育实践工作中形成的基本经验。

4. 循序渐进，推动学习教育常态化制度化长效化

党的十八大以来党开展的主题教育活动，既有鲜明的教育主题，又遵循了循序渐进的整体推进思路。其一，巩固深化，环环相扣。党的群众路线教育实践活动用了一年多的时间，由中共中央政治局带头在全党自上而下分批开展，强调层层压紧、上下互动。"三严三实"专题教育是在党的群众路线教育实践活动基础上对作风建设的进一步升华，并且专门针对的是县处级以上干部。"两学一做"主题教育推动了从"关键少数"向广大党员拓展、从集中性教育向经常性教育延伸。之后的"不忘初心、牢记使命"主题教育、党史学习教育则更注重教育对象的广泛性。其二，融入日常、抓在经常。知而不行，知之甚浅。我们只有在学而思、学而悟、学而行上持续努力、久久为功，才能巩固理论学习教育成果。各级党组织要求党员在理论学习中坚持学做互进、知行合一，要求把理论学习要求落实到行动上、体现到工作中。我们党在主题教育实践部署中都强调，各级党委要坚持把主题教育融入日常工作、抓在经常，要把主题学习教育作为党建工作考核的重要内容，不断巩固、提升学习教育成果。其三，推动理论学习教育常态化制度化长效化。推动理论学习教育常态化制度化，是党的十八大以来管党治党宝贵经验的深化拓展。党的十九届四中全会提出："建立不忘初心、牢记使命的制度。"[②] 理想信念是共产党人初心的本质要求，理想信念作为一种价值体系，它的确立和巩固是一个复杂的持续深化的过程。理想信念教育的常态化要通过制度化

---

① 《十九大以来重要文献选编》（中），北京：中央文献出版社，2021，第320页。
② 《习近平谈治国理政》第3卷，北京：外文出版社，2020，第546页

加以保障。理想信念教育的制度化需要在常态化中积累理想信念教育的成熟经验和机制，并加以总结和提炼，固定成制度。建立不忘初心、牢记使命的制度，就是要把不忘初心、牢记使命作为加强党的建设的永恒课题和全体党员、领导干部的终身课题，形成长效机制。

（三）主题教育的重要成就

在全党开展集中性主题教育实践，是我们党推进自我革命的重要途径。习近平总书记多次强调，每一名党员干部都要"拧紧世界观、人生观、价值观这个'总开关'"[①]。党的十八大以来，党先后组织开展的历次主题教育实践，建设了全国范围的、广大群众性的、思想上政治上组织上完全巩固的马克思主义政党，这是党员主题教育活动收到的巨大成效，具体体现在全体党员、干部理论学习能力的提升，党的作风的转变，以及理论教育方法的积累。

1.理论学习能力的提升

全体党员干部认真学习了马克思主义理论，并显示出很强的适应能力。在主题教育实践活动中，广大党员、干部先后接受了马克思主义群众观点、无产阶级政党的先进性、共产党员的初心使命、中国共产党的历史以及历史唯物主义的"大历史观"等系统教育。这让广大党员、干部受到了一次全面深刻的政治教育、思想淬炼、精神洗礼。在学习教育过程中，广大党员干部集中时间，静下心、坐下来，以通读、精读、研读等方式，学习习近平总书记系列重要论述；中共中央办公厅、中共中央宣传部、中共中央统战部、中共中央政策研究室等举办领导干部和青年干部读书班，逐段逐句研读规定篇目；各级党组织要求保证党员有足够的时间读原著、学原文、悟原理。全体党员按照中共中央的理论学习总要求，逐一学习《习近平谈治国理政》第一卷、第二卷、第三卷、第四卷等习近平总书记的系列重要论述，推动学习贯彻习近平新时代中国特色社会主义思想往深里走、往心里走、往实里走。全体党员全面系统学、深入思考学、联系实际学，切实把学习成效转化

[①] 《习近平谈治国理政》第2卷，北京：外文出版社，2017，第45页。

为应对风险挑战、推动事业发展的治理能力和工作水平。党的十八大以来，国外学者也特别对反腐倡廉、党的群众路线教育实践活动等热点问题进行了分析研究。纽约大学熊玠（James C. Hsiung）在《习近平时代》一书中指出，中共中央政治局集体学习制度是一个制度创新，中国共产党能够取得成功就在于善于学习。熊玠提出，20世纪90年代以来，中国共产党就将学习型政党建设作为基本战略，中国共产党很早就建立了自上而下的党内培训和学习机制，但是，以改革开放为标志，中国共产党学习的形式和内容都发生了很大变化。它不仅能帮助党内统一思想、凝聚共识，还能推动政策出台。中国共产党正是通过不断地强调学习、推进学习，才保持了强大的执政能力，并显示出很强的适应能力。[①]

2. 党的作风转变

主题教育的实施为党的作风建设开了新局，党员干部作风明显好转。海外媒体在报道党的群众路线教育实践活动时，往往把它与党的十八大后中国共产党的系列反腐举措联系起来进行解读。在当时，法新社报道称，中国国家主席习近平将对执政的共产党进行"大扫除"，这是中国新领导人发起的最新的、措辞强烈的反腐败运动。[②] 美国《侨报》指出，从"延安整风"发轫，整风有助党内统一思想认识。此次强调以整风的精神开展批评和自我批评，它与历次整风的不同之处是，强调务实性、针对性的自我纯洁行为。它回归到另一个传统，即走与普罗大众对接的"群众路线"，瞄准的是形式主义、官僚主义、享乐主义和奢靡之风的"四风"问题。[③] 具体的调查和走访也可以看到党员作风的明显改变。党的群众路线教育实践活动开展后，中央教育实践办从随机走访的342个村和社区了解到，基层干部作风明显好

---

① 参见熊玠主编《习近平时代》，纽约：美国时代出版公司，2015。
② 《外媒称中共为"整风清党"正深入钻研毛泽东遗产》，https://www.guancha.cn/politics/2013_06_20_152616.shtml。
③ 《美华媒：以群众路线整风 中共治党破解问题出重拳》，http://qzlx.people.com.cn/n/2013/0622/c365139-21936203.html。

转，群众办事更加方便，社保低保、户籍计生等民生事项很快就能办好。①党员主题教育对我们党探索新形势下从严治党的特点和规律具有十分重要的指引作用。主题教育就是在思想和灵魂深处爆发革命。随着主题教育的扎实推进，广大党员、干部深刻地把思想和行动统一到党中央的要求上来了，以强烈的历史主动精神奋进新征程、建功新时代。党的作风的新气象也让党员干部与群众更亲近，使人民群众对中国共产党的领导更有信心。皮尤研究中心2013年的民意调查报告显示，85%的中国民众对国家发展方向表示满意，82%的民众对未来五年感到乐观。② 哈佛大学肯尼迪政府学院阿什民主治理和创新中心2020年发表的题为《理解中国共产党韧性：中国民意长期调查》的研究报告，凸显了中国公民对其政府满意度的持续性，尤其是对中央政府的满意度从2003年的86.1%上升到2016年的93.1%。③

3. 理论教育方法的创新

党员主题教育开创了新时代党员理论教育的一些基本遵循。党的十八大以来的多次主题教育实践是在总结和运用党内历次集中教育活动成功经验的基础上开展的。通过一系列的教育实践，我们又对新形势下如何开展党内集中教育实践活动取得了新的认识、积累了新的经验。第一，坚持思想建党和制度治党紧密结合。党的二十大在总结过去五年的工作和新时代的伟大变革时指出："我们深入推进全面从严治党，坚持打铁必须自身硬，从制定和落实中央八项规定开局破题，提出和落实新时代党的建设总要求，以党的政治建设统领党的建设各项工作，坚持思想建党和制度治党同向发力，严肃党内政治生活，持续开展党内集中教育。"④ 党的集中理论教育要通过制度化推

---

① 《党的群众路线教育实践活动取得实实在在成效　形式主义、官僚主义、享乐主义和奢靡之风得到有效整治》，《人民日报》2014年10月8日。
② 任仲平：《标注共产党人的精神坐标——论党的群众路线教育实践活动》，《人民日报》2014年10月8日。
③ 《中国共产党：一百年来最成功的政党（外媒眼中的中共成功秘诀）》，《人民日报》（海外版）2021年6月14日。
④ 习近平：《高举中国特色社会主义伟大旗帜　为全面建设社会主义现代化国家而团结奋斗——在中国共产党第二十次全国代表大会上的报告》，北京：人民出版社，2022，第13页。

动常态化长效化，建立不忘初心、牢记使命的制度。作为坚持和完善党的领导制度体系的重要组成部分，制度建设具有根本性、全局性、稳定性和长期性的特点。把党的建设中重要的思想共识、实践经验等以制度的形式确定下来，使之成为全党共同遵守的行为规范，是坚持思想建党和制度治党同向发力的基本要求。第二，教育的主要内容要始终贯穿党性教育和理想信念教育。理想信念和党性是衡量党员政治立场、政治觉悟的准绳。实现共产主义是我们党奋斗的理想信念，这是由我们党的性质所决定的，是党员终生的必修课程。在实践工作中，领导干部的理想信念及党性修养状况是其对党的"忠诚度"和对党的事业"执着度"的具体体现。第三，要把学和做结合起来，丰富教学方式。理论学习要同新时代进行伟大斗争、建设伟大工程、推进伟大事业、实现伟大梦想的丰富实践联系起来，结合开展"我为群众办实事"实践活动，真正在实践中提升理性认知。具体的教育方式则既要继承和发扬过去行之有效的教育方式，也要创新新形势下的教学方法。党的十八大以来，主题教育实践中继承和发扬了批评和自我批评的优良传统，也探索了新形势下党内教育的有效途径：探索了"课堂+基地"实训模式；坚持集中教育和自主学习相结合；创新运用信息化手段，坚持线上线下教育相结合。基于系列主题教育，中共中央组织专门机构设立了教育实践活动官方网站以及官方微信公众号。如群众路线网、"三严三实"专题教育网、"两学一做"学习教育网、"不忘初心　牢记使命"主题教育官方网站，党史学习教育官网和官方微信公众号。

二　高校思想理论教育

以习近平同志为核心的党中央非常重视青年大学生的马克思主义理论教育，明确把青年大学生作为马克思主义理论教育的重点人群。习近平总书记多次使用扣好"第一粒扣子"来强调青年价值观养成的重要意义，强调加强青年马克思主义理论教育的重要意义。习近平总书记指出："青年又处在价值观形成和确立的时期，抓好这一时期的价值观养成十分重要。"① 习近平总书记指出："这就像穿衣服扣扣子一样，如果第一粒扣子扣错了，剩余的扣子都会扣错。人生的扣子从一开始就要扣好。"②

（一）高校思想理论教育工作概况

党的十八大以来，党中央先后召开全国思想宣传工作会议、全国高校思想政治工作会议、全国教育大会、学校思想政治理论课教师座谈会等系列重大会议，就高校思想理论教育工作给出了指导性意见，有力推动了高校思想理论教育工作的开展。

1. 党中央召开全国宣传思想工作会议

2013年8月19日，习近平总书记主持召开了全国宣传思想工作会议，发表关于宣传思想工作的总体论述。习近平总书记站在党和国家事业全局高度，围绕中心工作与意识形态工作，提出了"经济建设是党的中心工作，意识形态工作是党的一项极端重要的工作"③的著名论断，并进一步明确了新形势下宣传思想工作的方向目标、重点任务、基本遵循，发出了新时期打好意识形态主动战的动员令。习近平总书记指出："宣传思想工作就是要巩固马克思主义在意识形态领域的指导地位，巩固全党全国人民团结奋斗的共同思想基础。"④ 在宣传思想工作的具体任务方面，习近平总书记强调了四个方面：一是马克思主义理论教育，二是中国特色社会主义教育，三是弘扬和培育社会主义核心价值观，四是加强思想道德建设。为了贯彻落实好习近平总书记在全国宣传思想工作会议上的讲话精神，2015年1月，中共中央办公厅、国务院办公厅印发了《关于进一步加强和改进新形势下高校宣传思想工作的意见》（以下简称《意见》），对做好高校宣传思想工作，

---

① 习近平：《青年要自觉践行社会主义核心价值观——在北京大学师生座谈会上的讲话》，北京：人民出版社，2014，第9页。
② 《习近平谈治国理政》，北京：外文出版社，2014，第172页。
③ 《习近平谈治国理政》，北京：外文出版社，2014，第153页。
④ 《习近平谈治国理政》，北京：外文出版社，2014，第153页。

加强高校意识形态阵地建设给出了指导性意见。《意见》强调，高校作为意识形态工作前沿阵地，肩负着学习研究宣传马克思主义，培育和弘扬社会主义核心价值观，为实现中华民族伟大复兴的中国梦提供人才保障和智力支持的重要任务。做好高校宣传思想工作，加强高校意识形态阵地建设，是一项战略工程、固本工程、铸魂工程。《意见》要求，加强和改进新形势下高校宣传思想工作，以立德树人为根本任务，以深入推进中国特色社会主义理论体系进教材进课堂进头脑为主线，以提高教师队伍思想政治素质和育人能力为基础，以加强高校网络等阵地建设为重点，积极培育和践行社会主义核心价值观，不断坚定广大师生中国特色社会主义道路自信、理论自信、制度自信、文化自信，培养德智体美全面发展的社会主义建设者和接班人。根据《意见》要求，为加强对新时代高校思想理论教育主阵地的宏观指导，2015年10月，中央宣传部、教育部印发了《普通高校思想政治理论课建设体系创新计划》（以下简称《创新计划》）。《创新计划》指出，思想政治理论课是巩固马克思主义在高校意识形态领域指导地位，坚持社会主义办学方向的重要阵地，是全面贯彻落实党的教育方针，培养新时代中国特色社会主义事业合格建设者和可靠接班人，落实立德树人根本任务的主干渠道，是进行社会主义核心价值观教育、帮助大学生树立正确世界观人生观价值观的核心课程。办好思想政治理论课，事关意识形态工作大局，事关新时代中国特色社会主义事业后继有人，事关实现中华民族伟大复兴的中国梦，必须始终摆在突出位置，持之以恒、常抓不懈。

2. 召开全国高校思想政治工作会议

为了更加深入地推进高校思想政治教育工作，2016年12月7~8日，全国高校思想政治工作会议召开。习近平总书记在会上进一步明确了高校思想政治工作的重要地位、任务、内容、途径和要求等，为高校思想政治工作提供了更加清晰的行动指南。习近平总书记强调："高校思想政治工作关系高校培养什么样的人、如何培养人以及为谁培养人这个根本问题。"[①] 习近平

---

① 《习近平谈治国理政》第2卷，北京：外文出版社，2017，第376页。

总书记从确保中国特色社会主义事业后继有人和兴旺发达的高度,对大学生思想政治教育提出了更高的战略定位。从实现中华民族伟大复兴、增强国家核心竞争力出发,围绕立德树人的中心环节,把思想政治工作贯穿教育教学全过程,是高校思想政治工作在新形势下应当遵循的指导方针与教育理念,是增强高校思想政治工作影响力与实效性的根本保证。2017年2月,中共中央、国务院印发了《关于加强和改进新形势下高校思想政治工作的意见》(以下简称"意见"),进一步落实全国高校思想政治工作会议精神。"意见"强调,高校肩负着人才培养、科学研究、社会服务、文化传承创新、国际交流合作的重要使命,加强和改进高校思想政治工作,事关办什么样的大学、怎样办大学的根本问题,事关党对高校的领导,事关中国特色社会主义事业后继有人,是一项重大的政治任务和战略工程。① 关于加强和改进高校思想政治工作的基本原则,"意见"强调,坚持全员全过程全方位育人;把思想价值引领贯穿教育教学全过程和各环节,形成教书育人、科研育人、实践育人、管理育人、服务育人、文化育人、组织育人长效机制;要坚持遵循教育规律、思想政治工作规律、学生成长规律,把握师生思想特点和发展需求,注重理论教育和实践活动相结合、普遍要求和分类指导相结合,提高工作科学化精细化水平;坚持改革创新,推进理念思路、内容形式、方法手段创新,增强工作时代感和实效性。为贯彻落实好"意见"精神,2017年12月,中共教育部党组印发《高校思想政治工作质量提升工程实施纲要》,要求充分发挥课程、科研、实践、文化、网络、心理、管理、服务、资助、组织等方面工作的育人功能,挖掘育人要素,完善育人机制,优化评价激励,强化实施保障,切实构建"十大"育人体系。2018年4月,教育部印发《新时代高校思想政治理论课教学工作基本要求》(以下简称《基本要求》),对高校马克思主义理论教育给出指导性意见。《基本要求》强调,要把高校思政课教学工作摆在更加突出的位置,更加重视加强和改进教学管理,更加重

---

① 《中共中央 国务院印发〈关于加强和改进新形势下高校思想政治工作的意见〉》,http://www.gov.cn/xinwen/2017-02/27/content_5182502.htm。

视提升教学质量，不断提升思政课的亲和力和针对性，全面推动习近平新时代中国特色社会主义思想进教材进课堂进学生头脑，牢固树立"四个意识"，坚定"四个自信"，培养德智体美全面发展的中国特色社会主义合格建设者和可靠接班人，培养担当民族复兴大任的时代新人。思政课承担着对大学生进行系统的马克思主义理论教育的任务，是巩固马克思主义在高校意识形态领域指导地位、坚持社会主义办学方向的重要阵地，是全面贯彻党的教育方针、落实立德树人根本任务的主干渠道和核心课程，是加强和改进高校思想政治工作、实现高等教育内涵式发展的灵魂课程。2018年5月，习近平总书记在北京大学师生座谈会上的讲话中指出："马克思主义是我们立党立国的根本指导思想，也是我国大学最鲜亮的底色。"① 高校要抓好马克思主义理论教育，深化学生对马克思主义历史必然性和科学真理性、理论意义和现实意义的认识，教育学生学会运用马克思主义立场观点方法观察世界、分析世界，真正搞懂面临的时代课题，深刻把握世界发展走向，认清中国和世界发展大势，让学生深刻感悟马克思主义真理力量，为其成长成才打下科学思想基础。

3. 抓好高等教育内涵式发展的灵魂课程

2019年3月18日，习近平总书记主持召开了学校思想政治理论课教师座谈会。会上，习近平总书记强调，"要从维护国家意识形态安全、培养社会主义建设者和接班人的高度来抓好"② 思政课。会上，习近平总书记还提出了思想政治理论课教学应该遵循的一般方法和原则，即"八个统一"，为思想政治理论课教学改革创新提供了方向指引。2019年8月，中共中央办公厅、国务院办公厅印发《关于深化新时代学校思想政治理论课改革创新的若干意见》，就深化新时代学校思想政治理论课改革创新提出若干意见。该意见强调，坚持思想政治理论课建设与党的创新理论武装同步推进，坚持思想政治理论课在课程体系中的政治引领和价值引领作用。2019年9月，中共教育部党组印发《"新时代高校思想政治理论课创优行动"工作方案》

---

① 习近平：《在北京大学师生座谈会上的讲话》，北京：人民出版社，2018，第6页。
② 习近平：《思政课是落实立德树人根本任务的关键课程》，北京：人民出版社，2020，第4页。

指出，要抓好思路创优，发挥思政课全面推动习近平新时代中国特色社会主义思想"三进"主渠道作用，坚持用习近平新时代中国特色社会主义思想铸魂育人；开设与思想政治理论必修课相配套的系列选修课；在教法方面则要求抓好教法创优，坚持"八个统一"，不断增强思想政治理论课的思想性、理论性和亲和力、针对性。此后，为进一步加强高校思想政治理论课的宏观指导，规范组织管理、教学管理、队伍管理和学科建设，教育部印发了《高等学校思想政治理论课建设标准（2021年本）》。

除此之外，习近平总书记在其他领域的重要讲话中也间接关联到了青年学生的思想理论教育问题。如在2014年10月的文艺工作座谈会上的重要讲话、在2016年2月党的新闻舆论工作座谈会上的重要讲话、在2016年5月哲学社会科学工作座谈会上的重要讲话等。上述系列重要讲话涉及社会、生活、思想、宣传、环境的多个方面，它们与习近平总书记在宣传思想工作会议、高校思想政治工作会议、学校思想政治理论课教师座谈会上的重要讲话以及相关部委部署具体工作的文件共同勾画出新时代中国共产党开展高校思想理论教育的基本思路。

（二）高校思想理论教育遵循的方法论

党的十八大以来，高校思想理论教育的开展既遵循了思想政治工作规律，又遵循了教书育人规律、学生成长规律，体现了新时代党在青年学生中开展马克思主义理论教育的一般方法。

1. 把唯物辩证法贯彻到底

高校思想理论教育把唯物辩证法贯彻到底，体现出鲜明的辩证思维。协同性是高校思想理论教育工作中特别强调的，学校管理工作要求各个环节齐抓共管、形成合力。在人员协同方面，高校思想理论教育工作要推动校内外协同配合、全社会支持参与。思想政治理论课改革创新要打好组合拳，即坚持政治性和学理性相统一、坚持价值性和知识性相统一、坚持建设性和批判性相统一、坚持理论性和实践性相统一、坚持统一性和多样性相统一、坚持主导性和主体性相统一、坚持灌输性和启发性相统一、坚持显性教育和隐性教育相统一。"八个统一"是系统的规律性认识。从不同学段来看，思想政治理论课要在大中小学按照循序渐进、螺旋上升的方式开设。不同学段之间要统筹兼顾、各有侧重，小学阶段重在启蒙性学习，初中阶段重在体验性学习，高中阶段重在常识性学习，本科阶段重在理论性学习。教育工作者聚焦工作体系一体化、课程体系一体化、教学体系一体化，积极开展思想政治理论课一体化建设探索，从"大中小一体化"破局，增强思政教育育人合力。为了用好课堂教学这个主渠道，高校的各门课程都要守好一段渠、种好责任田，与思想政治理论课同向同行，形成协同效应。为了实现这一协同效应，我们要加快构建中国特色哲学社会科学学科体系和教材体系，推出更多高水平的教材。

2. 遵循实事求是的思想路线

高校思想理论教育遵循实事求是的思想路线，在充分调查研究的基础上推进思想理论教育的改革创新。实事求是是中国共产党的思想路线，"这就要求我们必须不断对实际情况作深入系统而不是粗枝大叶的调查研究，使思想、行动、决策符合客观实际"[①]。调查研究是从实际出发的中心一环。没有调查就没有发言权，没有调查也没有决策权。中国共产党作为马克思主义理论教育的组织者和实施者，必须坚持调查研究，才能制定和执行指导理论教育实践的、正确的教育方针和教育战略。中共教育部党组将2017年确定为"高校思想政治理论课教学质量年"，要求各高校通过大调研、大提升、大格局等专项工作，把握当前高校的思想政治理论课教学实际，通过改革创新增强大学生对思想政治理论课的获得感，增强高校马克思主义理论教育的实效性。2017年春季学期，教育部重点围绕思想政治理论课教材建设、教师队伍建设、教学方法改革等关键环节，深入课堂实际，广泛接触师生，分别展开了领导带头调研、专家听课调研、课题专项调研、校地特色调研等调研活动。[②] 通过系统的大调研，教育部在对全国思想政治理论课教学情况摸

[①]《治国理政必须坚持正确的方法论——学习习近平总书记关于科学的思想方法和工作方法的重要论述》，http://theory.people.com.cn/n1/2016/0912/c49150-28708107.html。

[②]《教育部社科司负责人就〈2017年高校思想政治理论课教学质量年专项工作总体方案〉答记者问》，http://www.moe.gov.cn/jyb_xwfb/s271/201705/t20170511_304335.html。

准摸透的基础上,厘清了思路,开对了药方,形成了加强高校思想政治理论课建设的新思路和新举措。

3. 注重浸润式教育方式

高校思想理论教育还特别注重浸润式教育,这是对中国传统教育观念的继承和发扬。习近平总书记曾经用"空气"和"盐"的比喻来说明浸润式教育的方法特点。卓有成效的思想理论教育是像盐一样有易溶性的,有润物无声的特点。生硬、强行地灌输不仅不能被受教育者认同和吸纳,有时候还会起到副作用。习近平总书记在主持中央政治局第十三次集体学习时强调:"要利用各种时机和场合,形成有利于培育和弘扬社会主义核心价值观的生活情景和社会氛围,使核心价值观的影响像空气一样无所不在、无时不有。"① 高校思想理论的浸润式教育主要体现在对以文化人、以文育人的贯彻实施。文化内含民族精神的内核,文化自信决定民族的理想信念、价值取向和精神状态。文化之于大学,如精神、品格之于人类。高校思想理论教育的以文化人、以文育人就是要充分利用校园文化活动,以多元化、多样态的方式促进马克思主义理论的宣传和教育。校园文化的营造就如教风、学风一样,不是大而化之的命题,而要从细节和小事做起。高校的校园文化建设工作要坚持把立德树人、文化引领融入时事宣传、课程实践、寝室文化、协会活动中,通过创设积极有效的文化育人环境,建立起既无处不在又真实有效的马克思主义理论教育常态化机制。在网络化、信息化时代,高校在注重文化育人的同时还要关注和利用网络平台,抢占网络阵地,拓展文化育人新平台。在课程教学中,教师通过调查本校学生实际使用网络媒体的频率,以及学生所喜好的教学形式,选择某种相对固定的网络教学平台作为推送平台,将课程育人的文化资源推送给学生。高校还可以通过各类短视频制作大赛、主题创意大赛引导青年大学生成为弘扬中国特色社会主义先进文化的网络主体,在建设健康、向上、清朗的网络空间中,激发青年学生对中国特色社会主义先进文化的共鸣,最终实现对马克思主义的理论认同、情感认同和价值认同。

---

① 《习近平谈治国理政》,北京:外文出版社,2014,第165页。

（三）高校思想理论教育的重要成就

"教育是提高人民综合素质、促进人的全面发展的重要途径，是民族振兴、社会进步的重要基石，是对中华民族伟大复兴具有决定性意义的事业。"① 党的十八大以来，党中央把青年大学生作为马克思主义理论教育的重点对象，一系列理论教育实践的开展和落实有效地实现了用马克思主义理论武装青年大学生头脑的目的。高校思想理论教育的成就表现为以下三个层面工作的持续向好。

1. 全面加强和改进了思想政治理论课建设

在党对思想政治理论课建设的全面领导下，各部门和各地各高校认真实施践行新课程方案，推进了思想政治理论课的高质量发展。一是习近平新时代中国特色社会主义思想"三进"工作系统谋划、整体推进。在党和国家的科学指导和专业支持下，思想政治理论课教学牢牢把握用习近平新时代中国特色社会主义思想铸魂育人这一主线，系统推进教学内容创新。大部分高校都构建了体系化的马克思主义理论教育课程群，覆盖国家、地方和校本课程。课程群不仅包括思想政治理论必修课程，还包括学校自主开创的、以习近平新时代中国特色社会主义思想为核心内容的思想政治理论选修课，以及发挥地方文化育人功效的、以马克思主义理论教育为内涵的人文素质通识课程。37家全国重点马克思主义学院全面开设"习近平新时代中国特色社会主义思想概论"课，各地各校构建必修课加选修课的课程体系，切实推动习近平新时代中国特色社会主义思想在青年学生中入脑入心入行，激励教师队伍打磨提升课堂品质，力争打造精品课程。② 为进一步加强指导，2021年8月，国家教材委员会还印发了《习近平新时代中国特色社会主义思想进课程教材指南》，明确了主要学习内容、不同学段学生的学习要求以及落实要

---

① 习近平：《做党和人民满意的好老师：同北京师范大学师生代表座谈时的讲话》，北京：人民出版社，2014，第2页。
② 《全国各地各校守正创新办好思想政治理论课——擎信仰之炬 育时代新人》，http：//hb.people.com.cn/n2/2022/0319/c194063-35181577.html。

求等。二是思政课教师队伍在质上和量上都有明显提升。全国高校思政课教师数量大幅增加，综合师生比已达到规定的配备要求。截至 2021 年底，登记在库的高校思政课专兼职教师超过 12.7 万人，其中专职教师超过 9.1 万人。① 2021 年，思政课专职教师中拥有博士学位的有 17866 人，比 2016 年增加 8486 人，增幅达 90%。高学历、年轻化已成为思政课教师队伍发展新状态。② 为了提升在编教师的专业能力和专业素质，2014 年中宣部委托中国社会科学院实施马克思主义理论骨干人才计划（"百人计划"），每年计划招收 100 名具有马克思主义理论基本素养的人才，通过攻读博士学位的定向培养方式，培养马克思主义理论骨干人才。自 2018 年起，教育部又将马克思主义理论学科列入"国家关键领域紧缺高层次人才培养专项招生计划"，专门增设"高校思政课教师后备人才培养专项支持计划"，累计增加近 9000 个博士、硕士研究生招生指标，大大提升了高校对思政课后备教师的培养能力。③ 三是思政课教学方法改革亮点纷呈。各地、各高校在思政课教学上积极采用案例式教学、探究式教学、体验式教学、互动式教学、专题式教学、分众式教学等，将教材体系转化为贴近实际的教学体系，并运用现代信息技术等手段，开发思想政治理论课在线课程，教学方法改革取得了积极成效。部分高校统筹课堂教学、实践教学、网络教学建设，充分发挥课堂教学的主渠道作用和实践教学、网络教学的有效补充作用，积极开展高校思想政治理论课综合改革试点探索。在教育部组织实施的教学方法改革项目——"择优推广计划"中，五年遴选和培育了 100 项形式新颖、效果良好、受学生欢迎的优秀思想政治理论课教学方法改革项目。2012 年全球刮起"慕课"（MOOC）风暴，之后我国一部分有条件的高校率先推出思想政治理论课"慕课"平台，以期将最优质的马克思主义理论教育师资提供给广大学生。

---

① 《全国各地各校守正创新办好思想政治理论课——擎信仰之炬 育时代新人》，http：//hb.people.com.cn/n2/2022/0319/c194063-35181577.html。
② 《教育部：高学历、年轻化已成思政教师队伍发展新状态》，https：//news.eol.cn/meeting/202112/t20211207_2184700.shtml。
③ 《教育部：全国马克思主义理论学位点数量位居各学科前列》，http：//edu.china.com.cn/2021-12-08/content_77918123.htm。

清华大学形成了专属定制化的在线学习慕课云平台——清华大学慕课平台。2016年9月26日，由武汉大学马克思主义学院打造的多门思政课慕课——马克思主义基本原理概论、中国近现代史纲要、毛泽东思想和中国特色社会主义理论体系概论、思想道德修养与法律基础，在国家精品课程在线学习平台——中国大学MOOC正式发布。武汉大学思政课在全国刮起一股学习的旋风。选课者不少是校外学习者，有在校学生、在职教师，也有毕业多年的社会学习者。四是学生的学习获得感增强。随着思想政治理论课教学内容、师资水平、教学方法等的建设成效逐步凸显，大学生对思想政治理论课教学总体状况的满意度也逐步提升。数据显示，2014年有85.0%的大学生对思想政治理论课的德育作用给予了肯定性评价，这一比例连续五年稳步上升，2015~2018年分别为89.4%、91.3%、92.9%和95.3%。① 思想政治理论课建设整体呈现良好的态势，大学生对于思想政治理论课教学总体状况较为满意。数据显示，2018年有29.2%的大学生认为思想政治理论课教学总体状况"非常好"，48.6%的大学生评价"比较好"，合计有近八成的大学生给予好评。② 这在一定程度上说明了思想政治理论课教学状况正逐渐满足不同学科类别、年龄阶段大学生的多样需求，体现出思想政治理论课建设取得了较为明显的成效。

2. 形成了高校思想政治教育工作大格局

构建"大思政"格局是习近平总书记在全国高校思想政治工作会议上的讲话中阐述的重要思想。习近平总书记指出，"必须全党动手"③，"动员各条战线各个部门一起来做"④，树立宣传思想工作的大格局思维。党的十八大以来，各级党委、政府和高校都把宣传思想工作摆上了重要议事日程，在工作实践中不仅强调各个机构和部门全面行动，也要求调动社会各主体的

---

① 刘晓亮、沈壮海：《关键课程发挥关键作用——基于2014—2018年高校思想政治理论课建设调查数据的分析》，《中国高等教育》2019年第9期。
② 刘晓亮、沈壮海：《关键课程发挥关键作用——基于2014—2018年高校思想政治理论课建设调查数据的分析》，《中国高等教育》2019年第9期。
③ 《习近平谈治国理政》，北京：外文出版社，2014，第388页。
④ 《习近平谈治国理政》，北京：外文出版社，2014，第156页。

积极性、主动性和创造性，形成全战线、多部门和多层次协作的整体力量，构建高校思想政治工作的大格局。首先，要求齐抓共管，组建了一支思想政治教育工作大队伍。各高校在党委统一领导下进一步强化学校思想政治教育工作的内部协同，做到全员育人。高校重点抓好党政干部和共青团干部、思想政治理论课教师和哲学社会科学课教师，以及辅导员、班主任等组成的思想政治教育工作队伍，形成了一支以专职为主、专兼结合、数量充足、素质优良的工作队伍。为进一步增进工作队伍之间的协同，激发其工作潜能和积极性，高校建立和健全了日常性的思想政治工作领导制度、研判制度、责任制度、奖惩制度等，用制度保证这支大队伍开展思想政治教育工作的常态化、经常化、配合度，从而把育人贯穿于组织建设、课程教学、日常管理、科技创新、社会实践等各项工作中，真正将思想政治教育工作做实、做好、做到位。其次，要求各学科同向同行，构建全课程育人的课程体系。2020年5月，教育部印发的《高等学校课程思政建设指导纲要》明确指出，高校落实立德树人根本任务，要紧紧抓住教师队伍"主力军"、课程建设"主战场"、课堂教学"主渠道"[①]。80%的高校教师是专业课教师，80%的课程是专业课程，学生80%的学习时间用于专业学习，专业课程教学要与思政课程同向同行，将显性教育和隐性教育相统一，形成协同效应。当前，众多高校构建了以思想政治理论课为核心、以通识课和专业课为拓展的思想政治教育课程体系。从课程体系的内容设计来看，思想政治教育课程体系包括思想政治理论必修课程、思想政治理论选修课、文化通识课程，以及以德智体美劳五育为目标的专业课课程思政。思想政治理论必修课程是我国社会主义大学区别于其他大学的本质特征，是高等学校实现立德树人目标的规定动作；思想政治理论选修课是高校的选定动作，是各高校在深入把握地方特色、专业特色、学生的思维特点的基础上，围绕马克思主义理论的宣传和教育而自主开设的马克思主义理论教育特色课程；围绕马克思主义理论，尤其

---

① 参见《教育部关于印发〈高等学校课程思政建设指导纲要〉的通知》，http：//www.gov.cn/zhengce/zhengceku/2020-06/06/content_5517606.htm。

是马克思主义中国化理论而开设的各类文化通识选修课，如哲学理论、中国通史、地方史、传统文化、地方文化等，能让青年学生在文化盛宴中接受马克思主义的熏陶。从教育方法来看，将思想政治教育的理论知识、价值理念以及精神追求等融入各门专业课程中，潜移默化地对学生的思想意识、行为举止产生影响，能在"育人"先"育德"理念下更好地实现立德树人的教育根本任务。我们的目标是形成"校校有精品、门门有思政、课课有特色、人人重育人"的良好局面。最后，要求全员全过程全方位一体化育人，推动构建高校十大育人体系。教育部党组于2017年12月印发了《高校思想政治工作质量提升工程实施纲要》（以下简称《实施纲要》），提出构建"全员全过程全方位"一体化育人格局。《实施纲要》提出的基本任务是，把思想政治教育贯穿人才培养体系，全面推进高校课程思政建设，发挥好每门课程的育人作用，提高高校人才培养质量。《实施纲要》中提出的十大育人体系涉及课程、科研、实践、文化、网络、心理、管理、服务、资助、组织等方面。十大育人体系在实践中要落实到各育人主体，保障"三全育人"工作能够稳定运行、持续有效。为此，许多高校建立了全员协同、全过程贯通、全方位渗透的制度保障和运行机制，包括成立"三全育人"领导小组，制定"三全育人"实施方案与工作制度，建立健全各育人主体的责任清单制度、评议督查制度、绩效评估制度等，并不断探索构建运行中的动力机制、协同机制、保障机制、反馈与纠错机制等。2021年相关调查显示，九成以上的大学生对思政工作表示满意，给予了较高评价。① 高校思想政治教育工作大格局的形成，为保证高等教育改革发展、服务党和国家工作大局做出了重要贡献。

3.高校主流意识形态积极健康向上

意识形态工作是党的一项非常重要的工作，高校是意识形态工作的前沿阵地。党的十八大以来，高校思想理论教育工作的加强与创新使高校主流意识形态积极健康向上。广大师生对以习近平同志为核心的党中央坚决拥护和

---

① 《教育部详解：高校思政这5年 | 特别关注》，《中国教育报》2021年12月7日。

信任，对党中央治国理政新理念新思想新战略高度认同，对中国特色社会主义制度和中华民族伟大复兴中国梦充满信心。调查数据显示，当前大学生思想政治状况总体积极健康，呈现向上向好的发展态势。大学生群体态度积极、乐于奉献，对社会主义核心价值观的认同度较高，普遍具有坚定的政治立场和正确的政治观念，道德认知状况良好，具有强烈的道德意愿和高度的文化自信心。① 成就的取得离不开高校在意识形态领域的一些重要举措。一是党在高校的意识形态领域的领导权进一步加强。我国高校是党领导下的高校，是中国特色社会主义高校。党中央在高校进一步完善了党委领导的责任体系和工作机制，明确了高校党委和党委书记对意识形态的工作责任，坚持和完善了高校党委书记抓意识形态工作各项制度，形成了党委统一领导、各部门各方面齐抓共管的工作格局。二是高校开展意识形态工作的学术支撑进一步加强。提升马克思主义理论教育水平是意识形态工作实现"两个巩固"的必然要求。从学科支撑来看，马克思主义理论学科建设越持续向好，高校开展意识形态工作的思想基础就会越坚实、理论支撑就会越扎实、精神动力就会越强劲。截至 2021 年 11 月底，全国马克思主义理论一级博士学位授权点已由 2016 年的 39 个增至 104 个、一级硕士学位授权点由 129 个增至 279 个②。马克思主义学院是马克思主义理论教学、研究、宣传和人才培养的坚强阵地，是办好高校思想政治理论课的坚强战斗堡垒。党的十八大以来，我们党不断提升马克思主义学院建设的科学化、规范化和现代化水平。教育部分别发布了《高等学校马克思主义学院建设标准（2017 年本）》《普通高等学校马克思主义学院建设标准（2019 年本）》，对马克思主义学院建设提出具体要求。三是高校宣传思想阵地建设和管理进一步加强。"基础不牢，地动山摇。"③ 高校思想宣传工作阵地不仅包括课堂、讲座、论坛等传统形

---

① 沈壮海、肖洋：《2016 年度大学生思想政治状况调查分析》，《思想理论教育导刊》2017 年第 1 期。
② 参见《教育部：全国马克思主义理论一级硕士学位授权点增至 279 个》，http://applocal.myzaker.com/news/article.php? f=normal&pk=61af325a8e9f09255a6cda41。
③ 习近平：《在基层代表座谈会上的讲话》，北京：人民出版社，2020，第 7 页。

式，还包括校园广播、校园报刊、校园电视、海报宣传栏等为代表的传统媒体，也包括由校园新闻网、校园博客、微信公众号等构成的新媒体。随着互联网的不断普及，网络成为高校师生获取信息、表达意见、参与公共事务的重要渠道。上述形式和载体的建设和管理工作是学校意识形态工作的基础工程。互联网空间的建设和管理已经成为高校意识形态工作的重中之重。许多高校为适应"微时代"的传播趋势，建成了一批有影响力的"两微一端"平台，并强化内容建设，有效开展大学生主流意识形态宣传教育。在2018年的首届"两微一端"百佳评选中，教育系统获奖单位共4家，分别为教育部微言教育官微、清华大学官微、北京大学官微、武汉大学官博，其中北京大学官微还荣获"微信贡献力十佳账号"，武汉大学官微荣获"微博贡献力十佳"奖。

三 全社会理论宣传教育

宣传工作是党的喉舌，是党联系人民群众的重要渠道。党的十八大以来，党中央把宣传思想工作摆在全局工作的重要位置，强调"经济建设是党的中心工作，意识形态工作是党的一项极端重要的工作"[1]。做好宣传思想工作就是要更好地引领整合社会思想意识，巩固马克思主义在意识形态领域的指导地位，巩固全党全国各族人民团结奋斗的共同思想基础。毛泽东指出："主义譬如一面旗子，旗子立起了，大家才有所指望，才知所趋赴。"[2] 从整个宣传思想工作的体系和格局来看，马克思主义宣传教育是其中的一个组成部分，而且是地位重要、意义非凡的组成部分。新时代宣传思想工作的重点就是用习近平新时代中国特色社会主义思想武装全党、教育人民、推动工作。

（一）全社会理论宣传教育概况

以习近平同志为核心的党中央从历史的高度来全面认识"新时代"的

---

[1] 《习近平谈治国理政》，北京：外文出版社，2014，第153页。
[2] 《毛泽东年谱（1893～1949）（修订本）》（上），北京：中央文献出版社，2013，第70页。

历史方位，为马克思主义理论教育的开展提供了准确的历史定位。这一历史阶段的思想宣传工作在理论文献出版、思想宣传主题和思想宣传媒介等方面都体现了鲜明的时代特点。

1. 马克思主义理论文献的编纂出版

思想宣传尤其是马克思主义理论的思想宣传，需要全面而立体的马克思主义理论文献。我国的马克思主义理论研究和建设工程在为广大人民群众提供马克思主义经典文献方面是最重要、最关键的主体平台。自2004年中共中央提出实施马克思主义理论研究和建设工程以来，马克思主义理论研究和建设工程在马克思主义经典文献的翻译和出版上做出了卓越贡献，为新时代的马克思主义理论宣传教育提供了科学而全面的教育蓝本。继10卷本的《马克思恩格斯文集》和5卷本的《列宁专题文集》出版后，2013年6月，在全面总结以往经验和分析原有版本的基础上，《马克思恩格斯选集》第三版和《列宁选集》第三版修订版由人民出版社出版。在党领导的新闻出版事业中，人民出版社有着重要使命和地位。人民出版社创办于1921年9月1日，设立的目的是组织马克思、列宁著作的出版，是党创办的第一个出版机构。党的十八大以来，人民出版社紧跟时代步伐，自觉而坚定地宣传马克思主义中国化的最新成果，高效优质地完成了党和国家赋予的出版任务，如习近平系列讲话单行本、《习近平新时代中国特色社会主义思想学习纲要》（与学习出版社联合出版）、《习近平总书记系列重要讲话读本》（2014年版、2016年版，与学习出版社联合出版）等。人民出版社还与人民日报社等权威媒体联合策划出版了《习近平讲故事》等一大批马克思主义大众化的优秀成果。[①]

学懂弄通做实习近平新时代中国特色社会主义思想，需要深入学习原文原著。目前，以《习近平谈治国理政》（第一、二、三、四卷）、《十八大以来重要文献选编》（上、中、下）、《十九大以来重要文献选编》（上、中）

---

① 蒋茂凝：《人民出版社的使命与担当：宣传马克思主义真理 为人民出好书》，《人民日报》2019年11月12日。

为代表的，综合反映以习近平同志为核心的党中央理论创新、实践创新和制度创新的重要文献集相继出版。《习近平新时代中国特色社会主义思想三十讲》《深入学习习近平关于教育的重要论述》以及各种主题的习近平重要论述摘编也相继编写发行。

2. 宣传教育主题的循序推进

习近平总书记分别在不同场合、根据不同需要反复强调坚定理想信念，加强理想信念教育。宣传思想有主题，宣传受众能更好地把握中心，宣传教育效果也就更好。党的十八大以来，面对中华民族实现伟大复兴的历史机遇，以习近平同志为核心的党中央开创了一系列循序渐进的宣传思想教育主题，主要包括"中国梦"、社会主义核心价值观、"四史教育"等。"如果说世界观的核心是理想信念，那么理论教育帮助人们树立正确的世界观，核心就是要坚定人们的共产主义远大理想和建设中国特色社会主义的共同理想。"① 新时代党的宣传思想工作既为理想信念教育赋予了新的时代内涵，又创造了新的理想信念教育主题，推动了理想信念教育常态化制度化。

2012年11月29日，习近平总书记在参观"复兴之路"展览时的讲话中首次提出了"中国梦"命题。"中国梦"是对历史和现实的深刻把握，是对历史唯物主义和中国社会发展规律的自觉遵守，也是对中国社会发展方向的郑重说明。综合来看，"中国梦"既体现了历史唯物主义的世界观，又创造了理想信念教育具体内容的形象表达。2013年4月，中央宣传部、教育部、共青团中央召开深化中国梦宣传教育座谈会。会后，各地各校通过举办报告会、座谈会、专题讲座等形式，集中开展了中国梦理论和实践的宣传教育引导。为了深入宣传阐释中国特色社会主义的生动实践，展示各领域发展成果、为推动实现中国梦采取的措施，中央宣传部、中央直属机关工委、中央国家机关工委等连续举办中国特色社会主义和中国梦宣传教育系列报告会，2013年7~11月共开设了9场专题报告会。此后，全国上下各条战线形式多样的"中国梦"主题教育开展得如火如荼，基层宣讲、专题报告会、

---

① 胡子克主编《马克思主义理论教育概论》，北京：人民出版社，2005，第193页。

成就展览、知识竞赛、文艺表演、座谈交流等群众喜闻乐见的活动层出不穷。"中国梦"在向大众进行宣传教育时所巧妙构思的"寻梦""追梦""筑梦""圆梦"等"梦系列",高度契合了中华民族的昨天、今天和明天,形象地反映了中华民族在追寻伟大复兴过程中的艰难历程和动态过程,向人民大众展现了中国人民和中国共产党的初心和使命。

党的十八大正式提出了建设社会主义核心价值观。国家需要先进的价值观导航定向,社会需要凝聚的共识引领发展,大众需要明确的准则规范行为。核心价值观是文化建设中最内在、最核心的部分,从文化建设的视角来看,"核心价值观是文化软实力的灵魂、文化软实力建设的重点。这是决定文化性质和方向的最深层次要素"[1]。从对马克思主义理论的创新与发展来看,社会主义核心价值观是马克思主义基本原理和中华优秀传统美德在当代中国的集中体现和价值表达,是现阶段全国人民价值理念的"最大公约数",具有强大的感召力、凝聚力和持久的引导力。2014年5月4日,习近平总书记在北京大学师生座谈会上指出:"核心价值观,其实就是一种德,既是个人的德,也是一种大德,就是国家的德、社会的德。国无德不兴,人无德不立。如果一个民族、一个国家没有共同的核心价值观,莫衷一是,行无依归,那这个民族、这个国家就无法前进。"[2]"培育和践行社会主义核心价值观是全社会的共同责任……党委宣传部门要切实担负起组织指导、协调推进的重要职责。"[3] 党的十八大以来,各级宣传部门积极指导农村、企业、社区、学校、机关等开展各具特色的社会主义核心价值观教育实践活动,使社会主义核心价值观在广大群众中广泛传播、生根发芽。

在新时代,党在积极宣传和倡导"中国梦"教育、中国特色社会主义信念教育的基础上,又反复强调共产主义远大理想教育。习近平总书记指出:"共产党员特别是党员领导干部要做共产主义远大理想和中国特色社会

---

[1]《习近平谈治国理政》,北京:外文出版社,2014,第163页。
[2] 习近平:《青年要自觉践行社会主义核心价值观——在北京大学师生座谈会上的讲话》,北京:人民出版社,2014,第4页。
[3]《十八大以来重要文献选编》(上),北京:中央文献出版社,2014,第587~588页。

主义共同理想的坚定信仰者和忠实践行者。"① 他还多次批评那种认为"共产主义虚无缥缈"的观点。习近平总书记指出:"把理想信念建立在对科学理论的理性认同上,建立在对历史规律的正确认识上,建立在对基本国情的准确把握上。"② 共产党人的理想信念离不开对党史国史的全面把握,离不开对历史唯物主义的科学理解。习近平总书记指出:"我们党要明确宣示举什么旗、走什么路、以什么样的精神状态、担负什么样的历史使命、实现什么样的奋斗目标。"③ 党的十八大明确提出:"广泛开展理想信念教育,把广大人民团结凝聚在中国特色社会主义伟大旗帜之下。"④ 2014年,中央组织部印发了《关于在干部教育培训中加强理想信念和道德品行教育的通知》,要求各地区各部门加强理想信念和道德品行教育,引导和帮助干部始终坚定共产主义理想和中国特色社会主义信念,始终坚守共产党人的精神家园。⑤ 现阶段,我们坚持和发展中国特色社会主义,就是向着最高理想进行实实在在的努力。

在中国共产党成立一百周年之际,"在全党开展党史学习教育,是党中央立足党的百年历史新起点、统筹中华民族伟大复兴战略全局和世界百年未有之大变局、为动员全党全国满怀信心投身全面建设社会主义现代化国家而作出的重大决策"⑥。2021年2月,习近平总书记在党史学习教育动员大会的讲话中强调:"要在全社会广泛开展党史、新中国史、改革开放史、社会主义发展史宣传教育,普及党史知识,推动党史学习教育深入群众、深入基层、深入人心。"⑦ 习近平总书记多次强调历史思维的重要性。他指出:"历史是一面镜子,它照亮现实,也照亮未来。了解历史、尊重历史才能更好把

---

① 《习近平谈治国理政》,北京:外文出版社,2014,第23页。
② 《习近平谈治国理政》,北京:外文出版社,2014,第50页。
③ 《习近平谈治国理政》第2卷,北京:外文出版社,2017,第60页。
④ 《十八大以来重要文献选编》(上),北京:中央文献出版社,2014,第25页。
⑤ 《中央组织部印发通知 在干部教育培训中加强理想信念和道德品行教育》,http://politics.people.com.cn/n/2014/0721/c1001-25304651.html。
⑥ 习近平:《在党史学习教育动员大会上的讲话》,北京:人民出版社,2021,第1页。
⑦ 习近平:《在党史学习教育动员大会上的讲话》,北京:人民出版社,2021,第26页。

握当下,以史为鉴、与时俱进才能更好走向未来。"① 历史观不仅是人生观、世界观的重要组成部分,而且是对社会与人这一基本问题的关键认知,是一个人的社会态度特别是政治态度的基础。近几年,我们党开展了庆祝中国共产党成立100周年、庆祝中华人民共和国成立70周年、庆祝中国人民解放军建军90周年、庆祝改革开放40周年和纪念中国人民抗日战争暨世界反法西斯战争胜利70周年、纪念中国人民志愿军抗美援朝出国作战70周年等活动,在全社会唱响了主旋律、弘扬了正能量。党史教育馆、历史文化街区成为"网红打卡地"。2021年7月,中国共产党历史展览馆正式对外开放,"四史"画卷波澜壮阔、跌宕起伏,展览的主线就是中国共产党人的理想信念、革命精神和拼搏奋斗。

3. 理论工作队伍的集结与献言

为更好地开展马克思主义理论的思想宣传工作,一支支理论素养与精神信念同样过硬的理论工作队伍在"四大平台"集结。"四大平台"即中宣部于2015年开始推进的马克思主义理论研究和建设工程、中国特色社会主义理论体系研究中心、马克思主义学院、报刊网络理论宣传阵地。"四大平台"建设是新形势下深化马克思主义理论研究和宣传教育、加强党的思想理论工作的重要抓手。推进"四大平台"建设,就是以"平台"集束之力,激发理论研究阐释和宣传教育的强大动能。党的十八大、十九大提出了许多新理念、新论断,确定了许多新任务、新举措,这些都给理论研究工作者提供了许多重大研究课题。从"四大平台"建设的工作成绩来看,由马克思主义理论研究和建设工程专家学者精心编撰的《习近平总书记系列重要讲话读本》(2016年版)创造了出版发行超过5600万册的纪录,《习近平的七年知青岁月》一书出版不久就发行超过300万册。② 广大专家学者以强烈的责任感、使命感积极投身重大理论问题研究,形成了一大批高质量课题和研

---

① 丁云:《推进党史学习教育常态化长效化》,http://dangshi.people.com.cn/n1/2022/0222/c436975-32356915.html。
② 参见《党的十八大以来推进马克思主义理论研究和建设工程纪实》,《人民日报》2017年10月11日。

究成果。中国特色社会主义理论体系研究中心的理论研究和阐释工作成果丰硕。据统计,近年来,全国及各省区市的中国特色社会主义理论体系研究中心在《人民日报》《光明日报》《经济日报》《解放军报》《求是》"四报一刊"发表的重点理论文章每年都在200篇以上,成为读者心中不可或缺的理论导向。① 在报刊网络理论宣传阵地方面,国家新闻出版广电总局新闻报刊司发布的《2014年我国学术理论报刊关于社会主义核心价值观宣传研究专题审读报告》显示,中央及地方党政机关主办的报刊在宣传研究核心价值观方面,发挥了主渠道、主阵地的作用,体现了高度的政治敏锐性。学术理论期刊也发挥了重要的作用,中国社会科学院打造的《中国社会科学》、《中国社会科学报》、中国社会科学网等"一报八刊一网"学术全媒体传播平台,在思想理论斗争的疾风骤雨中,自觉承担宣传、阐释、研究的主体引领责任。② 身处社会思潮日益活跃的今天,思想理论工作者要共同担负起在新形势下汇集力量深化拓展马克思主义理论研究和宣传教育、加强党的思想理论工作的神圣使命,提升马克思主义的影响力、说服力和战斗力,引导更多的人了解掌握马克思主义、结合实际运用马克思主义,从而不断坚定人们走中国特色社会主义道路的信心。

(二)全社会理论宣传教育的方法论遵循

1. 推动理论走进群众,不断推进马克思主义话语体系创新

话语体系是思想理论的外在表达形式,它通过工具性构架传达特定的思想价值理念,以实体性表征展现理论思维能力。一种理论最初能在多大程度上被人们接受,并让人们有内在驱动力通过实践检验,在一定程度上依赖于理论话语的话语构成和言说方式。习近平总书记善于用群众的语言同群众说

---

① 《中国特色社会主义理论体系研究中心:创新旗帜在这里高扬》,《光明日报》2016年3月4日。
② 霍文琦:《发挥报刊网络理论宣传主渠道作用》,《中国社会科学报》2016年2月17日。

话，从"打铁还需自身硬"[①]到"把权力关进制度的笼子里"[②]，从"发扬钉钉子精神"[③]到"一分部署，九分落实"[④]，从"小康不小康，关键看老乡"[⑤]到"绿水青山就是金山银山"[⑥]，这些通俗易懂的群众式话语表达极大地增强了中国化马克思主义理论的生动性和形象性，让人民群众易于学习、掌握并运用。

2.坚持正面宣传为主，讲好中国故事，激励中国人民

习近平总书记在全国宣传思想工作会议上要求我们要弘扬主旋律、传播正能量，换句话说，就是要以正面宣传为主。正面宣传为主的内涵是准确、及时地反映党的路线、方针、政策，反映社会现实生活主流，以动员和激励人民群众创造幸福美好新生活。坚持正面宣传为主的实质就是要坚持团结、稳定、鼓劲的价值取向。"君子和而不同"[⑦]，"和"是前提。在坚持正面宣传的基本原则下，讲好中国故事成了思想理论宣传工作者的时代责任。在思想宣传和思想教育工作中，讲故事都是好办法。故事中有哲理、有文化、有味道，一个故事胜过一打道理。近几年，结合中心工作和重点任务，党的思想宣传工作主要讲了以下几个故事。一是中国抗疫故事。在疫情防控的人民战、总体战、阻击战中，中国人民体现出的中国精神，中国疫情防控体现出的制度优势都是这个大故事的"主角"。中国抗疫故事，不仅强信心、暖人心、聚民心，更展现出中国作为负责任大国的担当。二是中国脱贫攻坚故事。中国的脱贫攻坚在推进国际减贫事业方面树立了榜样。目前，中国成为全球最早实现联合国千年发展目标中减贫目标的发展中国家；在全球范围内，每100人脱贫就有70多人来自中国。讲好脱贫攻坚的故事，深入宣讲以习近平同志为核心的党中央关于脱贫攻坚的决策部署，让人民群众清楚中

---

① 《习近平谈治国理政》，北京：外文出版社，2014，第4页。
② 《习近平谈治国理政》，北京：外文出版社，2014，第392页。
③ 《习近平谈治国理政》第2卷，北京：外文出版社，2017，第361页。
④ 《习近平谈治国理政》第2卷，北京：外文出版社，2017，第261页。
⑤ 《十八大以来重要文献选编》（上），北京：中央文献出版社，2014，第658页。
⑥ 《习近平谈治国理政》第2卷，北京：外文出版社，2017，第559页。
⑦ 《论语·子路》。

国共产党为消除贫困做了什么、正在做什么、还要做什么，坚定决战决胜脱贫攻坚的决心和信心。三是中国共产党的故事。中国故事是时代写照。讲好中国故事，不能绕开中国共产党。中国共产党的故事始于20世纪上半叶，在中国共产党领导中国革命、建设和改革的伟大运动中逐渐生成。把彰显中国共产党独特气质的红色故事讲述好，为外界了解中国共产党打开了一扇窗，更为全党全军全国各族人民同心共筑中国梦提供了强大的精神力量。

3. 适应现代传播方式新趋势，高度重视和积极运用互联网

"过不了互联网这一关，就过不了长期执政这一关。"[①] 中国共产党高度重视互联网这个意识形态斗争的主阵地、主战场、最前沿。在思想宣传工作领域，中国共产党高度重视和积极运用互联网等新兴媒体，着力加强网络文化建设，倡导积极的，改造落后的，抵制腐朽的，打击有害的，大力传播健康文化，坚决清除网络空间中的不良信息，净化网络文化环境；在组织管理上，通过健全互联网领导和管理体制，坚持依法管网治网，营造清朗的网络空间；在创新途径上，充分利用"两微一端"等新媒体开展马克思主义理论的思想宣传工作，使理论宣传更好地融入日常生活和活动，真正做到"润物细无声"。2017年，由中国互联网发展基金会主办的首届全国"两微一端"百佳评选活动成功举办。登上App影响力十佳榜单的移动客户端有国务院客户端、人民日报客户端、新华社客户端、光明日报客户端、铁路12306客户端、央视新闻客户端、澎湃新闻客户端、腾讯新闻客户端、界面新闻客户端、经济日报客户端。此次活动的举办旨在形成科学合理、有效激励的互联网行业规范，鼓励移动互联网"发出好声音，提升正能量"[②]。

（三）全社会理论宣传教育的重要成就

党的十八大以来，以习近平同志为核心的党中央把宣传思想工作摆在全局工作的重要位置，意识形态领域形势发生全局性、根本性转变，全党全国

---

① 《习近平谈治国理政》第3卷，北京：外文出版社，2020，第317页。
② 康薇薇：《光明日报客户端获"App影响力十佳"》，《光明日报》2018年2月7日。

各族人民文化自信明显增强，全社会凝聚力和向心力极大提升。总体而言，党的理论创新全面推进，中国特色社会主义和中国梦深入人心，社会主义核心价值观和中华优秀传统文化广泛弘扬，主流思想舆论不断巩固壮大，国家文化软实力和中华文化影响力大幅提升，全党全社会思想上的团结统一更加巩固。

1. 通俗理论读物的"新面孔"

理论教育要实现理论界、普通群众和全社会的积极互动，离不开理论读物的普及，而理论读物能否得到社会喜爱，最根本的是要"耐读"和"亲民"。理论要走进群众、教育群众、影响群众、提升群众，就必须走通俗化大众化的道路，作为马克思主义理论教育的通俗理论读物必须融思想性、理论性、通俗性和可读性于一体。2014年10月15日，习近平总书记主持召开文艺工作座谈会并发表重要讲话，《习近平总书记在文艺工作座谈会上的重要讲话学习读本》本身就是一本通俗理论读物。2016年，第七届优秀通俗理论读物推荐活动入选图书揭晓，8种通俗理论读物入选。这8种入选图书分别是《习近平总书记在文艺工作座谈会上的重要讲话学习读本》（学习出版社）、《全面小康热点面对面——理论热点面对面·2016》（学习出版社、人民出版社）、《全面从严治党》（党建读物出版社）、《马克思靠谱》（东方出版社）、《理论自信：做坚定的马克思主义信仰者》（吉林人民出版社）、《当代马克思主义政治经济学十五讲》（中国人民大学出版社）、《中国供给侧结构性改革》（人民出版社）、《遏制腐败战略——党的十八大以来中国特色反腐败理论十讲》（中国方正出版社）。① 以上8种图书能够入选优秀通俗理论推荐读物在于它们都积极回答了干部群众普遍关注的理论热点问题。从马克思主义理论教育意义来看，8种图书中内容涉及马克思及其思想的有3种，即《当代马克思主义政治经济学十五讲》《理论自信：做坚定的马克思主义信仰者》《马克思靠谱》，其中《马克思靠谱》在青年学生中

---

① 《第七届优秀通俗理论读物推荐活动入选图书揭晓》，http://www.xinhuanet.com//politics/2016-09/14/c_1119565224.htm。

传颂最广。《马克思靠谱》以当下年轻人的语言风格，再现真实多彩、依然"活"着的马克思，在推动马克思主义时代化、中国化和大众化方面进行了大胆尝试。

2. 理论电视节目的"新气息"

理论电视节目是理论宣传和教育的生动载体。过去，很多观众排斥理论电视节目，主要是因为理论节目充满说教，整个节目往往是主持人照本宣科，或者几位嘉宾自说自话，缺乏生动的"翻译"，缺乏现场互动。2013年8月19日以后，理论电视节目开始不断创新形式，努力做到四个"结合"，即理论性与大众性的结合、准确性与生动性的结合、权威性与"接地气"的结合、广泛社会宣传与面向年轻人的结合。一些电视台和政府宣传部门联合高校理论大家一起，播出了一批制作精良、口碑俱佳的理论电视节目，其中有代表性的节目有宣传新时代中国特色社会主义的通俗理论影视节目——《社会主义"有点潮"》等，宣传社会主义核心价值观和优秀传统文化的电视综艺类节目——《中国诗词大会》《我是演说家》《儿行千里》《经典咏流传》等。理论电视节目做到"有理论深度，有实践温度"，就能为社会营造浓厚的理论氛围、舆论氛围和文化氛围。

3. 互联网空间的"新氛围"

习近平总书记强调："网络安全和信息化是事关国家安全和国家发展、事关广大人民群众工作生活的重大战略问题，要从国际国内大势出发，总体布局，统筹各方，创新发展，努力把我国建设成为网络强国。"[①] 在信息时代，互联网平台是传播主流意识形态、文化交流的重要平台。但网络空间中存在着大量内容上去中心化、泛娱乐化与逐利化特征的内容。面对这种现象，中国共产党形成了由政府及职能主管部门进行规制，高校思想宣传部门、思想政治教育工作队伍进行教育引导的协同合作局面。这主要表现为政府和职能主管部门鼓励主流文化主体入驻互联网平台，以增强广大网民对主流文化的认同；鼓励互联网平台创新中国特色社会主义先进文化的传播形

---

① 《习近平谈治国理政》，北京：外文出版社，2014，第197页。

式,打造更多更高质量的、为人民群众喜闻乐见的网络文化作品;强调网络空间不是法外之地,对触犯法律底线的网络言行要进行管控;高校培养了具有正能量的、思想政治素质过硬的青年网络意见领袖,通过各种短视频制作大赛、主题创意大赛引导青年大学生参与到弘扬中国特色社会主义先进文化的队伍中来。徜徉在健康、向上、清朗的网络文化空间中,广大网民在对中国特色社会主义先进文化形成共鸣的基础上,最终形成了对马克思主义的理论认同、情感认同和价值认同。

四 对外宣传与国际传播

"马克思主义是随着时代、实践、科学发展而不断发展的开放的理论体系,它并没有结束真理,而是开辟了通向真理的道路。"[①] 习近平新时代中国特色社会主义思想实现了马克思主义中国化新的飞跃,是当代中国马克思主义、二十一世纪马克思主义。深化研究阐释,深化对外宣传,推动国际社会增进对习近平新时代中国特色社会主义思想的认识和理解,是新时代马克思主义理论教育的重要使命。思想政治教育是人类传播活动的基本类型之一,"思想政治教育具备了传播过程的基本要素,是一种特殊的传播现象"[②],而马克思主义理论教育是思想政治教育的核心。以习近平新时代中国特色社会主义思想为重要内容的中国化马克思主义的对外宣传与国际传播,在党的指导思想的推进下,形成了时代特色鲜明的马克思主义理论教育实践样本。

(一)对外宣传与国际传播概况

1. 中国化马克思主义理论的对外宣传与国际传播的基本理论

党的十八大以来,关于中国化马克思主义理论的对外宣传与国际传播,

[①] 习近平:《在哲学社会科学工作座谈会上的讲话》,北京:人民出版社,2016,第13页。
[②] 杨威:《思想政治教育的传播学分析》,《思想教育研究》2006年第1期。

习近平总书记从时代价值、工作重点、基本方法等角度发表了诸多论述。习近平总书记强调："要加强国际传播能力建设，精心构建对外话语体系，讲好中国故事，传播好中国声音。"① 2013年8月，在全国宣传思想工作会议上，习近平总书记指出："在全面对外开放的条件下做宣传思想工作，一项重要任务是引导人们更加全面客观地认识当代中国、看待外部世界。"② 习近平总书记还强调："要加强国际传播能力建设，增强国际话语权，集中讲好中国故事，同时优化战略布局，着力打造具有较强国际影响的外宣旗。"③ 习近平总书记的相关重要论述为新时代的对外宣传工作指明了方向，提供了行动指南。2013年11月，党的十八届三中全会通过的《中共中央关于全面深化改革若干重大问题的决定》明确提出："加强国际传播能力和对外话语体系建设，推动中华文化走向世界。理顺内宣外宣体制，支持重点媒体面向国内国际发展。"④ 习近平总书记强调："提高国家文化软实力，要努力提高国际话语权。"⑤ 关于为何要加强国际传播能力建设，2015年12月11日，习近平总书记在全国党校工作会议上的一句形象讲述指出了其中的症结所在。习近平总书记指出："落后就要挨打，贫穷就要挨饿，失语就要挨骂。"⑥ 国际现状一再表明，在信息技术高度发达的今天，传播手段先进、传播能力强大的国家能更大限度地推广自己的文化理念和价值观念，更能掌握国际话语权。世界其他国家已经普遍把加强对外传播作为增强国家文化软实力的重要手段。近年来我国国际传播能力迅速提升，但总体上仍处于西强我弱的态势。当前，中国找到了一条适合本国发展的道路，正为实现中国梦而奋斗。因此，我们要大张旗鼓地宣讲党的理论和路线方针政策，讲中国道路、中国方案，深入透彻地讲，让全世界人民看清楚中国高高举起的这面中国特色社会主义大旗，以争取国际社会对我们的最广泛的理解和支持。

---

① 《习近平谈治国理政》，北京：外文出版社，2014，第162页。
② 《习近平谈治国理政》，北京：外文出版社，2014，第155页。
③ 《习近平谈治国理政》第2卷，北京：外文出版社，2017，第333页。
④ 《十八大以来重要文献选编》（上），北京：中央文献出版社，2014，第535页。
⑤ 《习近平谈治国理政》，北京：外文出版社，2014，第162页。
⑥ 习近平：《在全国党校工作会议上的讲话》，北京：人民出版社，2016，第20页。

2. 推动党的创新理论国际传播的守正创新

党的十八大以来，中国共产党大力推动党的创新理论国际传播的守正创新。第一，切实做好中国化马克思主义成果的对外翻译工作。在中国化马克思主义成果对外宣传工作上，中国共产党积累了丰富的经验。多年来，中央编译局和中国外文局等众多单位通力合作，共同完成了毛泽东、周恩来、朱德、刘少奇、陈云、邓小平、江泽民、胡锦涛等党和国家领导人著作的多语种翻译出版工作。2014年7月18日，中央编译局召开了《习近平关于实现中华民族伟大复兴的中国梦论述摘编》多语种外语翻译出版座谈会暨对外话语体系建设中的中央文献翻译研讨会。《习近平关于实现中华民族伟大复兴的中国梦论述摘编》的多语种翻译出版，是我国第一次系统对外译介习近平总书记治国理政思想，为各国读者开启了一扇更全面地了解中国的窗口。这对传播中国共产党的治国理政理念，传播当代中国价值观念具有重要意义。党的十九大意义重大，这次大会是在全面建成小康社会决胜阶段、中国特色社会主义进入新时代的关键时期召开的重要大会，大会用中国的发展和治理成就展示了科学社会主义的强大生机活力，把党的十八大以来党的理论创新成果概括为习近平新时代中国特色社会主义思想并将其确立为中国共产党必须长期坚持的指导思想，实现了中国共产党指导思想的又一次与时俱进。这次大会进一步明确了新时代中国共产党的历史使命，科学规划了中华民族伟大复兴的时间表、路线图、任务书。第二，搭建多种平台，传播好中国声音。官方平台主要有世界政党高层对话会和对外传播智库。中国共产党以与世界政党高层对话会的方式尝试在国际多边舞台讲好"中国共产党的故事"。2021年7月6日在北京召开的中国共产党与世界政党领导人峰会，是出席人数最多、规模最大的全球政党领导人对话会。这次会议集理念传播、文化传播、形象传播于一体，是国际多边政治传播的一次重大尝试。在通过智库提升国家软实力方面，中国化马克思主义对外传播智库是更好地发出中国声音的重要平台。2015年1月，中共中央办公厅、国务院办公厅印发《关于加强中国特色新型智库建设的意见》（以下简称《意见》），为推进中国化马克思主义对外传播智库建设指明了方向。《意见》指出，树立社会主义中国的良好形象，推动中华文化和当代中国价值观念走向世界，在国际舞台上发出中国声音，迫切需要发挥中国特色新型智库在公共外交和文化互鉴中的重要作用，不断增强我国的国际影响力和国际话语权。① 近几年来，从中央到地方，从政府到民间，一大批积极开展对外交往并致力于国际问题研究的涉外智库在参与配合和服务中国特色大国外交方面，发挥了重要作用。它们既充分整合了党政部门、社科院、党校行政学院、高校、社会智库的研究资源，又着力打造了一支对中国化马克思主义真学、真懂、真信、真用的人才队伍。在世界舞台上发出响亮的"共享人类智慧、共促全球发展"②的中国号召。而民间外交不仅是官方外交的补充，有时更是官方外交的先行者，官民互补、润物无声。习近平总书记多次在国际场合讲述中外民间交流的故事。中国化马克思主义的对外传播要最大限度依托民间人士、跨国公司和非政府组织的力量，扩展传播影响力。2014年10月29日中国国际文化交流中心成立30周年纪念大会在北京召开，习近平总书记强调："发挥民间往来优势，坚持社会主义先进文化前进方向，大力弘扬中华优秀传统文化，在推进人类各种文明的交流交融、互学互鉴中，增强我国的文化软实力，维护世界和平。"③ 党的十八大以来，中国大力发挥中国人民外交学会、中国人民对外友好协会、中国国际交流协会等组织的桥梁作用，调动民众参与各类民间外交活动。

（二）对外宣传与国际传播的方法论遵循

中国化马克思主义理论教育对外宣传是一种特殊的传播现象。这种对外传播是一种基于历史传统、宗教信仰和基本国情的差异，在世界范围的多元文化中进行的思想理论传播。因而，中国化马克思主义的对外传播不可避免

---

① 参见中共中央办公厅、国务院办公厅印发《关于加强中国特色新型智库建设的意见》，http：//www.gov.cn/xinwen/2015-01/20/content_2807126.htm。
② 吴浩：《共享人类智慧　共促全球发展》，http：//www.cssn.cn/glx/glx_glzx/201904/t20190426_4870806.html。
③ 隋笑飞：《发挥民间往来优势　推进人类文明交流互鉴》，《光明日报》2014年10月30日。

地会遇到跨文化冲突,这也是中国化马克思主义在对外宣传上与其他领域的马克思主义理论教育活动的最大不同。

1. 融通中外,阐释好当代中国价值观念

习近平总书记在中共中央政治局第三十次集体学习时指出:"讲好中国故事,传播好中国声音,展示真实、立体、全面的中国,是加强我国国际传播能力建设的重要任务。"① "要加快构建中国话语和中国叙事体系。"② 在创新对外传播话语体系和叙事方式上,理论宣传工作者尤其要注重以下两个方面。一是把握国外受众思维习惯,使我国的对外话语易于被接受和传播。2014 年,《习近平关于实现中华民族伟大复兴的中国梦论述摘编》一书被多语种翻译出版,为了适合国外读者的阅读习惯、便于国外读者的理解,翻译者在忠实原文的基础上,根据各语种的特点,精益求精,进行了有针对性的翻译,努力传达习近平总书记重要论述的完整内容,体现他风趣生动的讲话风格。③ 文化背景的差异决定了思维和表达习惯的差别,因此,修辞范式、话语表达方式等差异也可能会引起误读。因地制宜、因事制宜、因人制宜、因语制宜地展开中国化马克思主义对外传播,是中国化马克思主义对外宣传务必要考虑的问题。二是把"陈情"和"说理"结合起来,把"道"贯穿于形式和故事中。近几年,不论是官方组织还是民间组织都积极开展人文交流活动,开展以治国理政、全球治理、中华文化等为主题的高层次论坛、展览展示,举办面向青少年等群体的征文、漫画、书画、新媒体等国际赛事,更好地向国际社会展现习近平总书记大国领袖的风范。通过形式多样的人文交流活动生动立体地塑造一个可信、可爱、可敬的中国形象,增强了中国化马克思主义话语的"扩容力"。正如习近平总书记所指出的:"把'陈情'和'说理'结合起来……要把'道'贯通于故事之中。"④

---

① 《习近平谈治国理政》第 4 卷,北京:外文出版社,2022,第 316 页。
② 《习近平谈治国理政》第 4 卷,北京:外文出版社,2022,第 317 页。
③ 《〈习近平关于实现中华民族伟大复兴的中国梦论述摘编〉一书多语种版翻译出版》,http://cpc.people.com.cn/n/2014/0605/c64387-25110436.html。
④ 《习近平关于社会主义文化建设论述摘编》,北京:中央文献出版社,2017,第 213 页。

2. 直面问题，回应国际社会关切

党的十八大以来，国际社会对中国的关注度越来越高，国外社会对我国发展道路和发展模式的理性认识逐步加深，但误解和误读也并不少，"中国威胁论"等论调始终存在，在这样复杂的形势下，更要回应国际社会关切的问题，集中讲好中国故事，向世界展示一个真实的中国、立体的中国、全面的中国是非常必要的。2020年1月，天津人民出版社在北京发布新书《回应：关于"一带一路"的十种声音》，同时举办"一带一路"民心相通研讨会。新书从学理、心理、事理、情理等维度深入剖析了关于"一带一路"的十种声音，也是对国际社会关于中国"一带一路"问题的全面理论回应。与会专家认为，该书对于讲好中国故事、讲好世界故事都有参考价值。2020年上半年，国际社会高度关注中国疫情发展。2020年2月23日，习近平总书记在统筹推进新冠肺炎疫情防控和经济社会发展工作部署会议上强调："我们改进和加强对外宣传，运用多种形式在国际舆论场及时发声，讲好中国抗疫故事，及时揭露一些别有用心的人污蔑抹黑、造谣生事的言行，为疫情防控营造了良好舆论氛围。"① 2020年6月，国务院新闻办公室发布《抗击新冠肺炎疫情的中国行动》白皮书。为了澄清国际社会对中国的误解，习近平总书记在中法建交50周年纪念大会上用形象的方式进行了说明："中国这头狮子已经醒了，但这是一只和平的、可亲的、文明的狮子。"②

3. 引发共鸣，观照人类社会的共同价值

当今世界，经济复苏乏力、疫情防控、气候变化、脱贫减贫等全球性挑战，需要世界人民相互支持、携手应对。而和平、发展、公平、正义则是全人类共同价值，这也是我们开展好中国化马克思主义国际传播需要好好把握的"最大公约数"。习近平新时代中国特色社会主义思想中蕴含着许多具有世界意义的共同价值理念，特别是构建人类命运共同体，以及推动经济全球化、完善全球治理、共建"一带一路"倡议等政策主张，都能最大限度地引发共鸣，凝聚国际

---

① 习近平：《在统筹推进新冠肺炎疫情防控和经济社会发展工作部署会议上的讲话》，北京：人民出版社，2020，第8页。
② 《习近平关于总体国家安全观论述摘编》，北京：中央文献出版社，2018，第262页。

社会共识。近几年，在国际传播工作中，我们以习近平总书记用中国智慧阐释的人类共同价值为情感底色讲好中国故事，高举人类命运共同体大旗，依托中国发展的生动实践，立足五千多年中华文明，全面阐述我国的发展观、文明观、安全观、人权观、生态观、国际秩序观和全球治理观，展现了中国世界和平建设者、全球发展贡献者、国际秩序维护者的形象，不断提升习近平新时代中国特色社会主义思想对外传播的实际效果与整体质量。

（三）对外宣传与国际传播的重要成就

近年来，我国在中国化马克思主义的对外宣传和国家传播方面的系列举措，打造了具有中国特色、中国风格、中国气派的话语体系，塑造了党和国家的良好形象，提升了我国的国际话语权，提升了国家文化软实力，为中华民族伟大复兴营造良好的发展环境。

习近平新时代中国特色社会主义思想的对外宣传与国际传播让中国人讲的"道理"越来越"讲得响""传得开"。近年来，以习近平同志为核心的党中央站在新的历史起点上，总揽全局，提出一个又一个令人耳目一新的中国倡议和中国方案，在许多重要的外交场合都及时准确地阐明了中国解决世界问题之道。如"一带一路"倡议、践行正确义利观、推动构建以合作共赢为核心的新型国际关系、打造人类命运共同体、构建网络空间命运共同体等都在国际社会收获了众多好评。在"一带一路"建设中、在各种宣介会和各种民间社交的持续推进中，当代中国马克思主义的理论文献不断走出国门、走向世界。世界各国对中国领导人的治国理念和执政方略表示高度肯定和称赞，许多政客和学者还通过撰写书评和文章给予高度评价，这为提升中国国际话语权、构建中国对外话语体系以及提升中国的国际影响力都带来了重要价值。2017年2月10日，"构建人类命运共同体"[①]理念首次被写入联合国决议。2018年3月23日，联合国人权理事会第37届会议第一次把

---

① 《习近平谈治国理政》第2卷，北京：外文出版社，2017，第519~520页。

"构建新型国际关系"① 和"构建人类命运共同体"这两项中国理念同时写入联合国文件。"人类命运共同体"体现了新的历史条件下马克思主义"人类解放"的方向，中国正以中国特色社会主义的成功实践重新树立世界人民对马克思主义和科学社会主义的信心。党的十九大召开后，习近平总书记一系列具有原创性、时代性的重要思想，给世界上那些既希望加快发展又希望保持自身独立性的国家和民族提供了全新选择，为解决人类问题贡献了中国智慧和中国方案。从中国倡议到国际共识，以"人类命运共同体"为代表的中国理念和中国方案已经产生了广泛而深远的国际影响，成为中国引领时代潮流和人类文明进步方向的鲜明旗帜。

---

① 《习近平谈治国理政》第2卷，北京：外文出版社，2017，第492页。

参考文献

一　重要文献

[1]《马克思恩格斯文集》第 1~10 卷，北京：人民出版社，2009。

[2]《列宁专题文集》，北京：人民出版社，2009。

[3]《毛泽东文集》第 1~8 卷，北京：人民出版社，1993、1996、1999。

[4]《毛泽东选集》第 1~4 卷，北京：人民出版社，1991。

[5]《邓小平文选》第 1~2 卷，北京：人民出版社，1994。

[6]《邓小平文选》第 3 卷，北京：人民出版社，1993。

[7]《江泽民文选》第 1~3 卷，北京：人民出版社，2006。

[8]《胡锦涛文选》第 1~3 卷，北京：人民出版社，2016。

[9]《习近平谈治国理政》，北京：外文出版社，2014。

[10]《习近平谈治国理政》第 2 卷，北京：外文出版社，2017。

[11]《习近平谈治国理政》第 3 卷，北京：外文出版社，2020。

[12]《习近平谈治国理政》第 4 卷，北京：外文出版社，2022。

[13] 习近平：《高举中国特色社会主义伟大旗帜　为全面建设社会主义现代化国家而奋斗——在中国共产党第二十次全国代表大会上的报告》，北京：人民出版社，2022。

[14]《中共中央关于党的百年奋斗重大成就和历史经验的决议》，北京：人民出版社，2021。

[15] 习近平：《思政课是落实立德树人根本任务的关键课程》，北京：人民出版社，2020。

[16] 习近平：《在纪念马克思诞辰200周年大会上的讲话》，北京：人民出版社，2018。

[17] 习近平：《决胜全面建成小康社会　夺取新时代中国特色社会主义伟大胜利——在中国共产党第十九次全国代表大会上的报告》，北京：人民出版社，2017。

[18] 习近平：《在学习〈胡锦涛文选〉报告会上的讲话》，北京：人民出版社，2016。

[19] 习近平：《在哲学社会科学工作座谈会上的讲话》，北京：人民出版社，2016。

[20] 习近平：《在网络安全和信息化工作座谈会上的讲话》，北京：人民出版社，2016。

[21] 习近平：《在庆祝中国共产党成立95周年大会上的讲话》，北京：人民出版社，2016。

[22] 习近平：《在全国党校工作会议上的讲话》，北京：人民出版社，2016。

[23] 习近平：《在纪念红军长征胜利80周年大会上的讲话》，北京：人民出版社，2016。

[24] 习近平：《在省部级主要领导干部学习贯彻党的十八届五中全会精神专题研讨班上的讲话》，北京：人民出版社，2016。

[25] 习近平：《在知识分子、劳动模范、青年代表座谈会上的讲话》，北京：人民出版社，2016。

[26] 习近平：《在纪念朱德同志诞辰130周年座谈会上的讲话》，北京：人民出版社，2016。

[27] 习近平：《在纪念邓小平同志诞辰110周年座谈会上的讲话》，北京：人民出版社，2014。

[28] 习近平：《在纪念毛泽东同志诞辰120周年座谈会上的讲话》，北

京：人民出版社，2013。

［29］习近平：《在党的群众路线教育实践活动总结大会上的讲话》，北京：人民出版社，2014。

［30］习近平：《做党和人民满意的好老师——同北京师范大学师生代表座谈时的讲话》，北京：人民出版社，2014。

［31］习近平：《在纪念孔子诞辰2565周年国际学术研讨会暨国际儒学联合会第五届会员大会开幕会上的讲话》，北京：人民出版社，2014。

［32］习近平：《在第十二届全国人民代表大会第一次会议上的讲话》，北京：人民出版社，2013。

［33］习近平：《紧紧围绕坚持和发展中国特色社会主义学习宣传贯彻党的十八大精神》，北京：人民出版社，2012。

［34］《十九大以来重要文献选编》（上），北京：中央文献出版社，2019；《十九大以来重要文献选编》（中），北京：中央文献出版社，2021。

［35］《十八大以来重要文献选编》（上），北京：中央文献出版社，2014。

［36］《十八大以来重要文献选编》（中），北京：中央文献出版社，2016。

［37］《十八大以来重要文献选编》（下），北京：中央文献出版社，2018。

［38］《建党以来重要文献选编1921～1949》（第18册），北京：中共中央党校出版社，1984。

［39］《习近平关于总体国家安全观论述摘编》，北京：中央文献出版社，2018。

［40］《习近平关于社会主义文化建设论述摘编》，北京：中央文献出版社，2017。

［41］《习近平关于青少年和共青团工作论述摘编》，北京：中央文献出

版社，2017。

[42]《习近平总书记系列重要讲话读本（2016年版）》，北京：学习出版社、人民出版社，2016。

[43] 习近平：《在网络安全和信息化工作座谈会上的讲话》，北京：人民出版社，2016。

[44] 习近平：《做焦裕禄式的县委书记》，北京：中央文献出版社，2015。

[45]《历史是最好的教科书——学习习近平同志关于党的历史的重要论述》，北京：中共党史出版社，2014。

[46]《习近平关于全面深化改革论述摘编》，北京：中央文献出版社，2014。

[47] 中共中央宣传部理论局：《马克思主义哲学十讲（党员干部读本）》，北京：党建读物出版社、学习出版社，2013。

[48]《托起中国梦——学习习近平同志在十二届全国人大一次会议上的讲话》，北京：新华出版社，2013。

[49] 新华社中央新闻采访中心：《大胆使用批评和自我批评有力武器——习近平总书记参加河北省委常委班子专题民主生活会纪实》，北京：人民出版社，2013。

二　专著

[1] 陈万柏、张耀灿主编《思想政治教育学原理》第3版，北京：高等教育出版社，2015。

[2] 梁启超、王国维等：《文化的盛宴》，北京：新世界出版社，2015

[3] 艾四林、吴潜涛主编《北京高校马克思主义理论学科与思想政治理论课建设发展报告（2019）》，北京：人民出版社，2021

[4] 中国社会科学院马克思主义研究院、马克思主义研究学部：《马克思主义理论研究与学科建设年鉴（2020）》，北京：中国社会科学出版社，2021。

［5］杨芷英：《思想政治教育心理学》第 2 版，北京：中国人民大学出版社，2019。

［6］闫艳红：《马克思主义理论教育的历史进程》，北京：中国政法大学出版社，2019

［7］逄锦聚：《马克思主义理论教育教学论》，北京：中国人民大学出版社，2018。

［8］程恩富主编《马克思主义基本原理整体性研究——全国马克思主义基本原理学科第三届年会文集》，桂林：广西师范大学出版社，2017。

［9］陈先达：《文化自信与中华民族伟大复兴》，北京：人民出版社，2017。

［10］陈先达：《马克思主义十五讲》，北京：人民出版社，2016。

［11］陈先达：《坚持马克思主义在意识形态领域指导地位研究》，北京：经济科学出版社，2015。

［12］陈先达：《马克思主义基础理论若干重大问题研究》，北京：经济科学出版社，2009。

［13］何毅亭：《学习马克思主义中国化最新成果》，北京：人民出版社，2017。

［14］石云霞：《马克思主义理论教育思想发展史研究》（上、下），北京：中国社会科学出版社，2012。

［15］谭虎娃：《延安时期马克思主义大众化研究》，北京：人民出版社，2014。

［16］袁银传：《价值观　核心价值观　核心价值体系：中国特色社会主义核心价值观》，武汉：武汉大学出版社，2014。

［17］孙来斌：《列宁的灌输理论及其当代价值》，北京：社会科学文献出版社，2017。

［18］孙来斌：《民族精神　时代精神　共同理想：中国特色社会主义共同理想》，武汉：武汉大学出版社，2014。

［19］王伟光：《马克思主义中国化的最新成果——习近平治国理政思

想研究》，北京：中国社会科学出版社，2016。

[20] 王永贵等：《意识形态领域新变化与坚持马克思主义指导地位研究》，北京：人民出版社，2015。

[21] 王永贵等：《马克思主义意识形态理论与当代中国实践研究》，北京：人民出版社，2013。

[22] 田心铭：《论学习马克思主义》，北京：中国社会科学出版社，2014。

[23] 刘建军：《文明与意识形态》，北京：中华书局，2011。

[24] 刘建军：《中国共产党思想政治教育的理论与实践》，北京：中国人民大学出版社，2008。

[25] 刘建军：《马克思主义信仰论》，北京：中国人民大学出版社，1998。

[26] 陈锡喜主编《平易近人——习近平的语言力量》，上海：上海交通大学出版社，2014。

[27] 陈锡喜：《政治认同的理论思辨》，上海：上海人民出版社，2013。

[28] 陈锡喜：《马克思主义意识形态和话语体系》，上海：华东师范大学出版社，2011。

[29] 侯惠勤等：《马克思主义意识形态论》，南京：南京大学出版社，2011。

[30] 侯惠勤：《马克思的意识形态批判与当代中国》，北京：中国社会科学出版社，2010。

[31] 吴珏：《马克思主义理论教育的历程与规律研究（1919—1949）》，北京：人民出版社，2015。

[32] 刘艳：《改革开放以来马克思主义理论教育思想发展研究》，北京：中国书籍出版社，2015。

[33] 杨耕、吴向东：《社会主义核心价值观理论与方法》（上、中、下），成都：四川人民出版社，2017。

[34] 姚建军：《主流意识形态建设与社会整合研究》，北京：光明日报出版社，2016。

[35] 郑永年：《再塑意识形态》，北京：东方出版社，2016。

[36] 李颖姣：《生活决定意识：〈德意志意识形态〉研究》，北京：中国社会科学出版社，2016。

[37] 李慎明：《中国话语权研究》，北京：社会科学文献出版社，2016。

[38] 糜海波：《师德的现代转型及评价》，南京：南京大学出版社，2016。

[39] 张国祚：《理论思维与文化软实力》，长沙：湖南大学出版社，2016。

[40] 王保华主编《中国高等教育舆情报告 2016》，北京：高等教育出版社，2016。

[41] 唐亚阳：《中国教育网络舆情发展报告 2015》，北京：北京师范大学出版社，2016。

[42] 李方祥、汪炜伟：《多维视域下的古田会议研究》，北京：社会科学文献出版社，2016。

[43] 刘朝霞：《转型期网络舆论生态动因、机制与模型》，北京：中国社会科学出版社，2016。

[44] 秦正为：《马克思主义生命力研究》，北京：中国社会科学出版社，2016。

[45] 夏一璞：《互联网的意识形态属性》，北京：首都经济贸易大学出版社，2016。

[46] 刘舸：《苏共高层领导人的理论素养与苏联兴亡》，北京：时事出版社，2016。

[47] 王耀东等：《思维的力量》，北京：红旗出版社，2015。

[48] 郭亚丁等：《全面从严治党：学习习近平党的建设思想论述》，北京：中共中央党校出版社，2015。

[49] 王燕文：《社会主义核心价值观研究丛书：总论》，南京：江苏人民出版社，2015。

[50] 肖巍、顾钰民主编《当代中国马克思主义研究报告（2013—2014）》，北京：人民出版社，2015。

[51] 方爱东等：《社会主义核心价值观基本理念研究》，合肥：合肥工业大学出版社，2015。

[52] 何锡蓉等：《当代中国的精神旗帜——社会主义核心价值观研究》，上海：上海人民出版社，2014。

[53] 程伟：《延安整风时期的理论教育及其当代价值研究》，北京：中国社会科学出版社，2008。

[54] 王成光：《邓小平马克思主义观与当代大学生马克思主义理论教育》，成都：西南交通大学出版社，2012。

[55] 顾钰民：《改革开放以来马克思主义在中国的发展》，北京：经济科学出版社，2012。

[56] 杨芳等：《现代西方哲学思潮与马克思主义理论教育研究》，北京：中央文献出版社，2008。

[57] 梅荣政：《用马克思主义引领社会思潮》，武汉：武汉大学出版社，2008。

[58] 倪志安：《马克思主义哲学方法论》，北京：人民出版社，2007。

[59] 倪志安等：《马克思主义哲学教育方法论研究》，北京：人民出版社，2006。

[60] 骆郁廷：《高校思想政治理论课程论》，武汉：武汉大学出版社，2006。

[61] 张首映、戴丽丽：《外国人眼里的新中国》，北京：人民出版社，2009。

[62] 胡子克：《马克思主义理论教育概论》，北京：人民出版社，2005。

[63] 张雷声等：《新中国思想理论教育史》，北京：高等教育出版社，2005。

[64] 蔡筱英等编著《信息方法概论》，北京：科学出版社，2004。

[65] 李庆臻主编《科学技术方法大辞典》，北京：科学出版社，1999。

[66] 毛礼锐、沈灌群主编《中国教育通史》第1卷，济南：山东教育出版社，1995

[67] 查有梁：《控制论、信息论、系统论与教育科学》，成都：四川省社会科学院出版社，1986。

[68] 〔美〕N. 维纳：《控制论》，郝季仁译，北京：科学出版社，1962。

[69] 〔德〕马克斯·韦伯：《社会科学方法论》，韩水法、莫茜译，北

京：商务印书馆，2013。

[70]〔美〕乔舒亚·库珀·雷默等：《中国形象：外国学者眼里的中国》，沈晓雷等译，北京：社会科学文献出版社，2008。

[71]〔美〕理查德·尼克松：《1999：不战而胜》，杨鲁军等译，北京：世界知识出版社，1997。

三 期刊论文

[1] 王伟光：《当代中国马克思主义的最新理论成果》，《中国社会科学》2017年第12期。

[2] 欧阳淞：《三次党内集中学习教育活动的回顾与思考》，《中国社会科学》2011年第4期。

[3] 陈先达：《哲学中的问题与问题中的哲学》，《中国社会科学》2006年第2期。

[4] 孙来斌：《马克思主义发展的历史阶段及其主题演进》，《马克思主义研究》2021年第3期。

[5] 史楠：《马克思主义理论教育路径新探——基于经典文献的隐喻分析》，《马克思主义研究》2021年第6期。

[6] 王树荫：《习近平坚定共产党人理想信念的科学论述》，《马克思主义研究》2017年第11期。

[7] 王伟光：《学好用好马克思主义哲学，努力掌握看家本领》，《哲学研究》2014年第6期。

[8] 王伟光：《必须加强对马克思主义经典著作的学习研究》，《马克思主义研究》2009年第12期。

[9] 李晓燕：《列宁"灌输论"视角下马克思主义意识形态话语权建设探析》，《马克思主义研究》2017年第8期。

[10] 付安玲、张耀灿：《大数据助力网络意识形态治理及提升路径》，《马克思主义研究》2016年第5期。

［11］孙来斌、高岳峰：《"灌输"的双重视界》，《马克思主义研究》2014 年第 5 期。

［12］王永贵、刘泰来：《打造中国特色的对外话语体系——学习习近平关于构建中国特色对外话语体系的重要论述》，《马克思主义研究》2015 第 11 期。

［13］李冉、邹汉阳：《党性、人民性的话语起源与行动逻辑》，《马克思主义研究》2014 年第 5 期

［14］卢国琪：《马克思主义中国化的十大创新话语体系》，《马克思主义研究》2013 年第 4 期

［15］袁银传、韩玲：《凝练社会主义核心价值观的基本根据》，《马克思主义研究》2013 年第 1 期。

［16］尹汉宁：《问题导向：马克思主义中国化的原动力》，《哲学研究》2012 年第 10 期。

［17］陈跃等：《关于马克思主义阶级分析方法理论与现实的研究报告》，《马克思主义研究》2011 年第 9 期。

［18］吴远、吴日明：《灌输理论与当代中国马克思主义大众化》，《马克思主义研究》2010 年第 9 期。

［19］黄力之：《论毛泽东的"以文化人"思想》，《马克思主义研究》2010 年第 1 期。

［20］牛玉峰、黄立丰：《马克思主义理论教育实践主体角色定位》，《马克思主义研究》2009 年第 8 期。

［21］孙小礼：《模型——现代科学的核心方法》，《哲学研究》1993 年第 2 期。

［22］杨长桂：《试论系统方法》，《哲学研究》1982 年第 3 期。

［23］石云霞：《中国共产党领导意识形态建设的伟大成就和基本经验研究》，《马克思主义理论学科研究》2022 年第 1 期。

［24］石云霞：《中国共产党百年思想理论教育的历史经验研究》，《思想理论教育》2021 年第 5 期。

［25］石云霞：《新中国 70 年高校思想政治理论课建设基本经验与未来展望》，《思想理论教育》2019 年第 9 期。

［26］佘双好、马桂馨：《新时代高校思想政治工作的主要成就、基本经验与发展趋势》，《思想理论教育》2022 年第 2 期。

［27］佘双好、汤桢子：《中国共产党百年宣传思想工作发展历程与基本经验》，《江南大学学报》（人文社会科学版）2021 年第 6 期。

［28］佘双好、汤桢子：《建党百年来中国共产党宣传思想工作概念的生成及其特点》，《西北工业大学学报》（社会科学版）2021 年第 4 期。

［29］佘双好、张琪如：《中国共产党思想政治教育方法的百年演进》，《思想理论教育导刊》2021 年第 5 期。

［30］佘双好、张琪如：《高校思想政治理论课课程评价的特点及改革路径》，《思想理论教育》2021 年第 3 期。

［31］佘双好、王珺颖：《新时代思想政治理论课建设的新举措与新变化》，《思想理论教育》2020 年第 5 期。

［32］佘双好：《习近平关于高校思想政治工作重要论述的发展过程及基本观点探析》，《思想政治教育研究》2020 年第 2 期。

［33］佘双好、董梅昊：《马克思主义理论学科的发展历程及趋势》，《马克思主义理论学科研究》2020 年第 1 期。

［34］佘双好、汤桢子：《中国共产党宣传思想工作内涵的历史演变》，《中国矿业大学学报》（社会科学版）2019 年第 6 期。

［35］佘双好：《新中国成立 70 年来马克思主义理论教育的创新性发展与历史性反思》，《青年发展论坛》2019 年第 5 期。

［36］刘同舫：《在走好群众路线中推动党史学习教育常态化长效化》，《红旗文稿》2022 年第 8 期。

［37］刘同舫：《高校思想政治理论课的功能及其实现》，《思想理论教育导刊》2021 年第 12 期。

［38］王树荫、王君：《中国共产党党内集中教育的基本经验》，《思想

政治教育研究》2021年第6期。

[39] 张楠：《新民主主义革命时期中国共产党干部教育的历史回望与基本经验》，《中国高教研究》2021年第7期。

[40] 郭建：《中国共产党整风的百年实践与经验启示》，《科学社会主义》2021年第3期。

[41] 赵家祥：《剩余价值理论是政治经济学的核心问题——兼论马克思主义的整体性》，《中国延安干部学院学报》2021年第2期。

[42] 冯刚、白永生：《中国共产党思想政治教育百年发展的经验与启示》，《人民教育》2021第11期。

[43] 孙来斌：《用习近平新时代中国特色社会主义思想武装大学生头脑》，《中国高校社会科学》2018年第2期。

[44] 王爱莲、康秀云：《高校思想政治理论课内涵式发展的建设合力探析》，《广西社会科学》2021年第4期。

[45] 李建、刘羽曦：《新时代高校思想政治理论课内涵式发展探析》，《思想政治课研究》2021年第3期。

[46] 陈晏清：《推进马克思主义理论的整体性研究》，《马克思主义理论教学与研究》2021年第1期。

[47] 刘兴盛：《"社会关系"：把握马克思理论整体性的关键范畴》，《社会主义研究》2021年第1期。

[48] 张驰：《习近平关于高校马克思主义理论教育重要论述及时代价值》，《思想教育研究》2021年第10期。

[49] 马可、姜剑：《马克思主义理论教育目标的实现进路》，《思想政治教育研究》2021年第3期。

[50] 梁军峰：《中国共产党坚持自我革命的理论逻辑、历史逻辑和实践逻辑》，《科学社会主义》2022年第2期。

[51] 吴付来：《切实发挥马克思主义理论学科在建设中国特色世界一流大学中的引领作用》，《马克思主义理论学科研究》2022年第6期。

［52］宗爱东：《思想政治教育回归生活世界：目标与路径》，《上海交通大学学报》（哲学社会科学版）2022 年第 2 期。

［53］董旖旎：《元宇宙赋能高校思想政治教育的价值意蕴与实践路径》，《思想理论教育》2022 年第 7 期。

［54］韩俊、金伟：《数字技术融合下思想政治教育智能转型探赜》，《思想教育研究》2022 年第 6 期。

［55］李梁：《精准教学与思想政治理论课教学测量及评价探究》，《思想理论教育》2022 年第 1 期。

［56］吕晓凤：《越南高校政治理论课教材建设特色及启示》，《教育评论》2021 年第 1 期。

［57］吕晓凤：《越南高校马列主义理论教育研究述评：成果、不足与展望》，《思想政治教育研究》2020 年第 5 期。

［58］沈壮海、黄雄义：《当代中国马克思主义教育理论的鲜明特征——学习习近平总书记关于教育的重要论述》，《思想理论教育导刊》2020 年第 10 期。

［59］张志丹、刘书文：《人工智能必将引发思想政治理论课变革》，《思想教育研究》2020 年第 10 期。

［60］杨松菊：《以党内集中教育推进党自我革命的几点思考》，《湘潭大学学报》（哲学社会科学版）2020 年第 6 期。

［61］齐卫平：《党的作风建设：百年回望及经验启示》，《新疆师范大学学报》（哲学社会科学版）2021 年第 1 期。

［62］顾海良：《马克思主义理论特征与理论教育》，《高校马克思主义理论教育研究》2020 年第 1 期。

［63］张雷声：《论马克思主义基本原理学科的研究定位》，《思想理论教育导刊》2020 年第 10 期。

［64］张建云：《马克思主义基本原理学科 15 年来理论研究的回顾与展望》，《思想理论教育导刊》2020 年第 10 期。

［65］张新平：《马克思主义理论学科建设与思想政治理论课建设的关

系》，《高校马克思主义理论研究》2020 第 2 期。

[66] 李永菊、陈曦：《高等教育内涵式发展背景下思想政治理论课建设研究》，《学校党建与思想教育》2020 年第 6 期。

[67] 夏建国：《论马克思主义理论整体的基本问题》，《湖湘论坛》2020 年第 6 期。

[68] 袁银传、范海燕：《列宁灌输论的三重逻辑》，《理论视野》2020 年第 3 期。

[69] 万美容、刘志：《新时代中国特色社会主义教育事业发展的根本遵循》，《中国高校社会科学》2020 年第 5 期。

[70] 史巍：《马克思主义理论教育亲和力的价值分析和实现路径》，《思想理论教育导刊》2020 年第 8 期。

[71] 冯秀军、咸晓红：《思想政治理论课改革创新要坚持灌输性和启发性相统一》，《思想理论教育导刊》2019 年第 7 期。

[72] 陈锡喜、刘伟：《论把握高校思想政治理论课"有力支撑"的三个维度》，《马克思主义理论学科研究》2019 年第 2 期。

[73] 邢鹏飞：《中国马克思主义理论学科的百年传承与新时代的发展趋向》，《重庆工商大学学报》（社会科学版）2019 年第 4 期。

[74] 杨增崇：《苏联解体前后青年价值观教育的实践反思与历史启示》，《高校马克思主义理论研究》2019 年第 1 期。

[75] 孙来斌、张留财：《"科学灌输"三要素：受众参与、柔性方法、合理阈限》，《学校党建与思想教育》2019 年第 3 期。

[76] 欧阳淞：《党的十八大以来五年党内教育述评》，《中共党史研究》2018 年第 5 期。

[77] 季正聚：《改革开放与"四个自信"》，《马克思主义与现实》2017 年第 4 期。

[78] 石云霞：《习近平治国理政的科学思想方法和工作方法》，《马克思主义理论学科研究》2017 年第 6 期。

[79] 张小秋：《红军长征中党的马克思主义理论教育》，《马克思主义

理论学科研究》2017年第5期。

［80］曲青山：《党的历史为"四个自信"提供史鉴支撑》，《人民论坛》2017年第1期（中）。

［81］田心铭：《论"四个自信"》，《学习论坛》2017年第9期。

［82］朱继东：《如何把中国的发展优势转化为话语优势》，《党建》2017年第2期。

［83］姜华有：《习近平科学的思想方法和工作方法探析》，《理论建设》2017年第1期。

［84］赵玉洁：《习近平治国理政的科学思维方式》，《理论学习》2017年第1期。

［85］张森年：《习近平思维方式变革理论研究》，《社会科学家》2016年第11期。

［86］杨明伟：《把马克思主义哲学作为看家本领》，《党的文献》2016年第6期。

［87］张士海：《十八大以来党建思想创新论纲》，《科学社会主义》2016年第6期。

［88］袁婷婷、李国泉：《论习近平的马克思主义观》，《社会主义研究》2016年第6期。

［89］贾高建：《以科学的态度对待马克思主义》，《中国青年社会科学》2016年第5期。

［90］魏荣、吴波：《习近平关于坚定共产主义理想信念的重要论述研究》，《中国特色社会主义研究》2016年第5期。

［91］陈新夏：《马克思主义理论教育中的经典著作教育》，《思想理论教育导刊》2016年第3期。

［92］郭湛、桑明旭：《话语体系的本质属性、发展趋势与内在张力——兼论哲学社会科学话语体系建设的立场和原则》，《中国高校社会科学》2016年第3期。

［93］胡家勇：《建设中国特色社会主义政治经济学话语体系》，《学习

与探索》2016 年第 7 期。

[94] 王晓娟:《坚持以人民为中心 占领互联网舆论引导的主阵地》,《红旗文稿》2016 年第 22 期。

[95] 付安玲、张耀灿:《大数据时代马克思主义理论教育的思维变革》,《学术论坛》2016 年第 10 期。

[96] 李建德:《新时期马克思主义理论教育的宏观视野》,《南京政治学院学报》2014 年第 2 期。

[97] 杨瑞森:《习近平语言力量的深刻意蕴》,《党的文献》2015 年第 3 期。

[98] 沈贺:《马克思主义与社会主义核心价值观关系辨析》,《思想教育研究》2015 年第 8 期。

[99] 张士海、王国龙:《习近平"全面从严治党"思想研究》,《社会主义研究》2015 年第 6 期。

[100] 陈锡喜:《习近平系列重要讲话所蕴涵的理论思维和价值取向》,《思想理论教育导刊》2015 年第 3 期。

[101] 方克立:《"马魂、中体、西用"是习近平文化思想的宗纲》,《思想理论教育导刊》2015 年第 5 期。

[102] 李文阁:《论社会主义核心价值观的形成、内涵与意义》,《北京师范大学学报》(社会科学版) 2015 年第 3 期。

[103] 杜芳、陈金龙:《中华优秀传统文化与社会主义核心价值观的涵养》,《中国高等教育》2014 年第 23 期。

[104] 吴潜涛,本刊记者:《积极培育和践行社会主义核心价值观的若干问题——访清华大学高校德育研究中心副主任吴潜涛教授》,《思想理论教育导刊》2014 年第 11 期。

[105] 刘书林:《论社会主义核心价值观的几个重要关系》,《思想理论教育导刊》2014 年第 9 期。

[106] 孙熙国:《社会主义核心价值观的二重超越性》,《中国特色社会主义研究》2014 年第 3 期。

［107］孟婷、张澎军：《思想政治教育方法论体系自议》，《思想教育研究》2014年第9期。

［108］陈再生：《古田会议与党的纯洁性建设》，《思想理论教育导刊》2014年第7期。

［109］刘建军：《习近平理想信念论述的历史梳理与理论阐释》，《河海大学学报》（哲学社会科学版）2015年第3期。

［110］韩庆祥：《全面深入把握习近平治国理政思想的十个重要方面》，《中国特色社会主义研究》2014年第6期。

［111］唐爱军：《习近平关于意识形态工作的方法论》，《中国特色社会主义研究》2014年第6期。

［112］赵曜：《资本主义的衰落和社会主义的复兴》，《中国延安干部学院学报》2014年第6期。

［113］李捷：《践行"三严三实"加强党性修养》，《中国井冈山干部学院学报》2015年第4期。

［114］王雷鸣：《关于中央文献对外翻译传播的几点思考》，《马克思主义与现实》2014第4期。

［115］范军：《"05方案"实施以来高校思想政治理论课信息化建设探索》，《思想理论教育导刊》2013年第5期。

［116］刘纯明，李青嵩：《高校思想政治理论课教学方法创新探索：现场教学法》，《重庆理工大学学报》（社会科学）2013年第10期。

［117］齐卫平：《群众路线教育实践活动与执政党建设路径》，《中共中央党校学报》2013年第5期。

［118］姚桓：《群众路线教育实践活动的时代特征和深远意义》，《中国特色社会主义研究》2013年第4期。

［119］辛向阳：《中国梦一刻也没有脱离过马克思主义》，《党建》2013年第10期。

［120］杜凤娇：《当前党政干部的理论困惑》，《人民论坛》2012年第24期。

[121] 石仲泉：《毛泽东与延安整风运动》，《毛泽东邓小平理论研究》2012年第6期。

[122] 杨发航：《马克思主义理论教育的基本经验初探》，《思想理论教育导刊》2011年第5期。

[123] 袁银传、马晓玲：《论苏共亡党的意识形态根源》，《思想理论教育》2011年第23期。

[124] 袁银传、韩玲：《马克思关于理论教育的原则方法及其时代意义》，《教学与研究》2007年第11期。

[125] 侯惠勤、辛向阳：《国际金融危机中马克思主义的复兴》，《红旗文稿》2010年第12期。

[126] 郝潞霞：《"马克思主义理论一级学科建设"研究述要》，《中国高教研究》2007年第2期。

[127] 顾海良：《科学理解　系统把握　整体建设——关于马克思主义理论一级学科建设的思考》，《思想理论教育》2006年第11期。

[128] 杨威：《思想政治教育的传播学分析》，《思想教育研究》2006年第1期。

[129] 田心铭：《再论建立马克思主义理论教育学》，《思想理论教育导刊》2004年第2期。

[130] 田心铭：《建立一门马克思主义理论教育学》，《思想理论教育导刊》2004年第1期。

[131] 孙晶：《理想化方法与理论模型》，《北京理工大学学报》（社会科学版）2000年第1期。

[132] 何伟光、何维杰：《理想化方法在科学研究中的重要作用》，《湖南大学学报》1997年第4期。

四　报纸论文

[1] 习近平：《用新时代中国特色社会主义思想铸魂育人　贯彻党的教

育方针落实立德树人根本任务》,《人民日报》2019年3月19日。

[2] 习近平:《领导干部加强学习的必要性和重要性——在中央党校2012年秋季学期开学典礼上的讲话》,《学习时报》2015年7月21日。

[3] 习近平:《让社会主义核心价值观种子在少年儿童心中生根发芽》,《人民日报》2014年5月31日。

[4] 习近平:《青年要自觉践行社会主义核心价值观——在北京大学师生座谈会上的讲话》,《人民日报》2014年5月5日。

[5] 习近平:《坚持实事求是的思想路线》,《学习时报》2012年5月28日。

[6] 习近平:《中国共产党90年来指导思想和基本理论的与时俱进及历史启示》,《学习时报》2011年6月27日。

[7] 习近平:《认真学习马克思主义经典著作 不断推进中国特色社会主义事业》,《人民日报》2011年5月14日。

[8] 习近平:《学习和掌握马克思主义立场观点方法是深入学习中国特色社会主义理论的根本要求》,《学习时报》2010年3月8日。

[9]《中共中央国务院印发新时代爱国主义教育实施纲要》,《人民日报》2019年11月13日。

[10]《中共中央关于认真学习宣传贯彻党的十九大精神的决定》,《人民日报》2017年11月3日。

[11]《习近平在党的新闻舆论工作座谈会上强调:坚持正确方向创新方法手段 提高新闻舆论传播力引导力》,《人民日报》2016年2月20日。

[12]《习近平在中共中央政治局第二十八次集体学习时强调:立足我国国情和我国发展实践 发展当代中国马克思主义政治经济学》,《人民日报》2015年11月25日。

[13]《党的十八大以来推进马克思主义理论研究和建设工程纪实》,《人民日报》2017年10月11日。

[14] 人民日报评论员：《抓住"关键少数"发挥表率作用——二论扎实推进"两学一做"学习教育常态化制度化》，《人民日报》2017年4月18日。

[15]《中共中央办公厅印发〈关于培育和践行社会主义核心价值观的意见〉》，《人民日报》2013年12月24日。

[16] 蒋茂凝：《人民出版社的使命与担当：宣传马克思主义真理 为人民出好书》，《人民日报》2019年11月12日。

[17]《近三十个对外宣介团在近八十个国家和地区精准传播十九大精神》，《人民日报》2018年2月2日。

[18]《国际社会高度评价习近平新时代中国特色社会主义思想》，《人民日报》2018年5月5日。

[19]《"海外中共学"成国际社会了解中国的重要窗口》，《人民日报海外版》2017年8月16日。

[20] 中国特色社会主义理论体系研究中心：《创新旗帜在这里高扬》，《光明日报》2016年3月4日。

[21] 王定毅：《延安整风运动对党的主题教育的启示》，《学习时报》2018年2月5日。

[22] 贾高建：《用马克思主义科学理论武装全党》，《人民日报》2016年3月24日。

[23] 崔允漷、陈霜叶：《三个维度看"立德树人"的本质内涵》，《光明日报》2017年5月9日。

[24] 吴瀚飞：《努力掌握和善于运用科学思维方式——深入学习习近平同志关于思维方式的重要论述》，《人民日报》2017年6月8日。

[24] 路克利：《海外中共学成为国际显学》，《人民日报》2015年5月4日。

[25] 周明伟：《国际社会读懂中国的一把钥匙》，《人民日报》2015年3月11日。

［26］任仲平：《标注共产党人的精神坐标——论党的群众路线教育实践活动》，《人民日报》2014年10月8日。

［27］《中国共产党：一百年来最成功的政党（外媒眼中的中共成功秘诀）》，《人民日报海外版》2021年6月14日。

［28］中国特色社会主义理论体系研究中心：《创新旗帜在这里高扬》，《光明日报》2016年3月4日。

［29］田心铭：《学习掌握科学的思想方法和工作方法》，《光明日报》2016年5月6日。

［30］袁银传：《反思历史 立足实践 着眼问题——当代中国马克思主义的发展路径》，《光明日报》2016年8月4日。

［31］管向群：《战略思维：中国共产党人治国理政的科学思维方法》，《光明日报》2015年10月24日。

［32］郭娟：《大学生社会主义核心价值观塑造中的情感认同》，《光明日报》2016年1月2日。

［33］韩庆祥，陈远章：《以中国元素的凸显提升国际话语权》，《光明日报》2014年12月17日。

［34］杨永加：《习近平总书记强调的六大思维方法》，《学习时报》2014年9月1日。

［35］陈曙光：《中国的发展优势如何转化为话语优势》，《光明日报》2014年2月17日。

［36］汪青松：《中国梦是全国各族人民的共同理想》，《光明日报》2013年11月22日。

［37］王伟光：《坚持党性和人民性的统一》，《光明日报》2013年11月3日。

［38］卫建国：《敬业价值观及其实现》，《光明日报》2013年6月9日。

［39］《教育部详解：高校思政这5年》，《中国教育报》2021年12月7日

［40］《这五年，高校思政工作已发生格局性变化》，《中国教育报》2021年12月13日

［41］杨新：《第一个以增强党性为主题的中央决定》，《中国纪检监察报》2017年1月9日。

［42］张志勇：《立德树人是教育的根本任务》，《中国教育报》2017年8月9日。

［43］彭寿清、杨晓峰：《转化思想舆论领域的"灰色地带"》，《中国教育报》2017年4月20日。

［44］陈锡喜：《切实发挥马克思主义理论学科对哲学社会科学建设的引领作用》，《中国社会科学报》2022年4月28日。

［45］霍文琦：《发挥报刊网络理论宣传主渠道作用》，《中国社会科学报》2016年1月29日。

［46］张春海：《"马工程"教材建设稳步推进》，《中国社会科学报》2016年3月21日。

［47］顾海良：《因事而化　因时而进　因势而新——习近平总书记"7·26"重要讲话体现的理论品格和思想方法》，《北京日报》2017年9月25日。

［48］《欧洲争论资本主义的出路　马克思〈资本论〉再度畅销》，《环球时报》2008年11月21日。

后　记

　　理论创新每前进一步，理论武装就要跟进一步。党的十八大以来，以习近平同志为核心的党中央高度重视马克思主义理论教育工作，强调坚持用马克思主义及其中国化创新理论武装全党。习近平总书记在《全面贯彻落实党的十八大精神要突出抓好六个方面工作》中明确指出："在前进道路上，我们一定要加强全党的理论武装，按照建设马克思主义学习型政党的要求，深入学习和掌握马克思列宁主义、毛泽东思想，深入学习和掌握中国特色社会主义理论体系，牢固树立辩证唯物主义和历史唯物主义世界观和方法论。"[①] 做好新时代的马克思主义理论教育工作，需要理论教育工作者认真领会中央精神，深入教育实践研究，在具体的工作实际中探寻有效的工作方式、方法。

　　马克思主义理论教育研究是我在攻读博士学位阶段就开始关注的问题。攻读博士学位之前，我在高校从事了近八年的马克思主义理论教育工作。正因为在实际工作中感受到的"本领恐慌"，我才鼓起勇气、克服诸多困难，重返武汉大学，希望通过扎实的理论学习和研究，提升开展马克思主义理论教育的底气和技能。2016年，习近平总书记在全国高校思想政治工作会议上发表重要讲话，引起了教育界和理论界的高度关注。我就读的武汉大学马克思主义学院拥有全国高校马克思主义理论专业的一级 A+ 学科，马克思主义基本原理专业下设马克思主义理论教育研究方

[①] 《习近平关于社会主义文化建设论述摘编》，中央文献出版社，2017，第59页。

向。石云霞教授在马克思主义理论教育研究领域深耕多年，并于2012年主编出版了《马克思主义理论教育思想发展史研究》。在此背景下，围绕当时的理论研究热点、学科的研究积淀，以及自身的实际需要，我从博士入学就开始关注并深入研究中国共产党的马克思主义理论教育问题。在这期间，石云霞教授和我的博士导师袁银传教授都给了我非常多的指导和启发。

理论是用来指导实践的，理论研究的价值也在于此。博士毕业后我回归长沙学院马克思主义学院教学科研团队，继续奋斗在高校思想政治理论课教学一线。2019年3月18日，习近平总书记主持召开学校思政课教师座谈会，整个教育界和理论界为之振奋。思政课是马克思主义理论教育的主阵地，思政课是落实立德树人根本任务的关键课程，教育界同人越发意识到肩上沉甸甸的责任与使命。我所在的学院在蒋晓东教授的带领下组建了研究目的更为明确、更有针对性的高校思政课教学研究团队。其中，蒋晓东教授和我主要从事马克思主义理论教育的基本问题研究，陆启越博士主要从事思政课教学评价研究，陈爱香博士主要从事思政课学情分析和思政课教师发展研究，侯旭平教授主要从事思政课实践教学研究。几年来，本团队成员在各自主攻的领域都取得了一定的成绩。自2019年以来，团队成员围绕以上研究主题申报国家社科基金项目2项，教育部示范马克思主义学院和优秀教学科研团队建设项目、思政课教师研究专项一般项目等教育人文社科项目6项。我本人获得立项的国家社科基金项目的研究主题是"习近平总书记关于马克思主义理论教育的重要论述及其原创性贡献研究"。可以说，围绕马克思主义理论教育的时代使命和实践问题，我们一直在思考、探索、找寻答案。

本书结集出版的目的是将多年来关于马克思主义理论教育方法的思考和探索与教育界和理论界的同人交流、汇报。书中还有一些不尽完善、亟待继续深入研究的部分，还请诸位同人不吝赐教。

在本书的撰写过程中，蒋晓东教授在提纲的拟定、第三章新时代马克思主义理论教育方法创新的理论基础，以及书稿的修改和定稿中都做了大量工作。同时，我也要感谢陆启越博士、陈爱香博士在部分章节撰写过程中帮忙搜集和整理资料。最后，感谢社会科学文献出版社政法传媒分社的总编辑曹义恒和其他幕后编辑的辛勤工作。

刘丽萍

2022 年 11 月 2 日于长沙

图书在版编目(CIP)数据

马克思主义理论教育方法创新研究/刘丽萍,蒋晓东著.--北京:社会科学文献出版社,2022.12(2023.9重印)
ISBN 978-7-5228-1076-8

Ⅰ.①马… Ⅱ.①刘… ②蒋… Ⅲ.①马克思主义理论-教育方法-研究 Ⅳ.①A81

中国版本图书馆 CIP 数据核字(2022)第 236010 号

马克思主义理论教育方法创新研究

著　　者 / 刘丽萍　蒋晓东

出 版 人 / 冀祥德
责任编辑 / 王京美

出　　版 / 社会科学文献出版社·政法传媒分社（010）59367126
　　　　　　地址：北京市北三环中路甲 29 号院华龙大厦　邮编：100029
　　　　　　网址：www.ssap.com.cn

发　　行 / 社会科学文献出版社（010）59367028
印　　装 / 唐山玺诚印务有限公司

规　　格 / 开　本：787mm×1092mm　1/16
　　　　　　印　张：13.25　字　数：202 千字
版　　次 / 2022 年 12 月第 1 版　2023 年 9 月第 2 次印刷
书　　号 / ISBN 978-7-5228-1076-8
定　　价 / 89.00 元

读者服务电话：4008918866

版权所有 翻印必究